einblicke - jugend und gewalt

struwelpeter-interpretationen

ein gemeinsames kunstprojekt der
klasse 8a der sekundarschule henningen
unter der leitung der
kunsterzieherin Heike Herrmann
und des
künstlers Hans Molzberger

impressum:
alle rechte liegen bei den autoren;
fotos: Frank Platte;
herstellung: Books on Demand GmbH, Norderstedt;
satz & layout: platt-form werbung & consulting, salzwedel;
salzwedel/hilmsen 2002
ISBN-Nr.: 3-8311-4371-4

inhalt:

```
impressum......................................4
vorwort........................................7
choreographie der stille.......................9
über Molzberger...............................10
pizza essen wird zum horror...................17
friederich der satanist.......................29
der selbstquäler..............................39
die geschichte mit den drogen.................51
vita hans Molzberger..........................57
```

vorwort

prügeleien auf dem schulhof, mobbing in der klasse oder missbrauch in der eigenen familie: gewalt ist unter jugendlichen kein fremdwort. leider! oft ist psychische gewalt viel schlimmer als die „kleinen rangeleien" unter gleichaltrigen.

„jugend und gewalt" ist ein künstlerisches projekt mit schülern der klasse 8a der sekundarschule henningen und dem hilmsener bildhauer Hans Molzberger. grundüberlegung dieses vorhabens ist der versuch, der heute allenthalben auftretenden gewaltbereitschaft einmal mit anderen mitteln, eben denen der kunst zu begegnen.

dass unser projekt während der arbeitsphase einen aktuellen aufhänger mit dem amoklauf eines schülers in einem erfurter gymnasium bekam, ist tragisch. es zeigt aber, dass man vor allem bei jugendlichen gewaltpotentiale aufspüren und thematisieren muss.

die Arbeiten an den interpretationen zum Struwwelpeter begannen im august 2001 und fanden ihren abschluss mit der ersten ausstellung „Einblicke" im april 2002. weitere ausstellungen in öffentlichen einrichtungen werden folgen.

im namen der schüler bedanke ich mich bei Hans Molzberger, dass er zufällig uns für sein vorhaben gewählt hat. gern haben wir mit ihm fotografiert, dokumentiert, gemoddert und gebrannt. die arbeit war intensiv, und hat sich für alle beteiligten gelohnt.

Heike Herrmann
kunsterzieherin, salzwedel,
september 2002

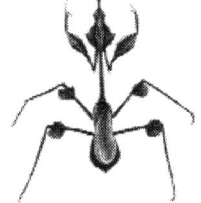

choreographie der stille

Molzbergers figuren bestechen durch innere kraft und zurückhaltung, sind mystische spieler in unbekannten dramen, zeugen des menschlichen innenlebens, metaphern des vergessenen und verdrängten.
ob ein keramik-trabant, ein boot voll tönerner schwalben oder boxende jungen auf einem überdimensionierten fahrrad: Molzbergers figuren teilen eines gemeinsam: die festnahme der zeit in bewegung. seine arbeiten finden ihre gestalt im moment des überraschens , des nachdenkens oder das rituellen vorgangs. es ist der innere gedanke des abgebildeten, der zum ausdruck kommt: der choreographische moment zwischen einer bewegung und dem darauffolgenden. es sind, wie im theater, die pointen die zur verschlüsselung verborgener wahrheit führen.

oft entspringen seine inspirationen einem impuls, mit künstlerischen mitteln auf umweltreize zu reagieren. sein engagement für politischen und sozialen themen spiegelt seine tiefen empfindungen für das schicksal des einzelnen.
seine intensive beschäftigung mit der gewaltherrschaft der nationalsozialisten z.b. findet ausdruck in bildhauerischen momentaufnahmen: ein unbesetzter arbeitstisch aus metall oder dokumentarische bilder weiblicher kz-gefangener, eingebrannt in keramische tafeln.
in einer arbeit über kindesmissbrauch schildern Molz-bergers figuren mit emotiona-ler genauigkeit die seelische bedrückung.

anthropomorphische figuren, abgeformt von gipsabdrücken des menschlichen leibes werden bewusst zu fragmentiertem dasein neu zusammengesetzt. Molzberger zeigt auf die narbe des schweißvorgangs, legt die struktur des gegliederten menschlichen körpers offen.
seine gesichter sind maskenhaft oder werden durch elemente wie natursteine ersetzt.
die wirkung evoziert eine mythologische poesie. ein zeitloses gefühl tritt in die betrachtung. in dieser choreographie des stillhaltens schafft Molzberger werke von meditativer tiefe: denkmale des verborgen momentes.

prof. Rhys Martin, berlin 2002

über Molzberger

wenn man die arbeiten Molzbergers aus den letzten 10 jahren chronologisch vorüberziehen lässt, kann man feststellen, dass er sich in seiner entwicklung im hinblick auf themenwahl und ausführungsart durchgängig treu geblieben ist, bei kontinuierlicher weiterentwicklung seiner technischen fertigkeiten. einmal ist es nicht so, dass ihm seine themen beliebig zufallen. es lag stets eine konflikt- oder spannungslage zu grunde, vornehmlich aus selbst erlebten und erlittenen situationen. das bemühen um das zurückfinden daraus ging dann immer erkennbarer deutlich den weg, eigene zweifel und das unbehagen durch entsprechende symbolische, plastische darstellungen abzuarbeiten. dabei wurde immer deutlicher, dass hinter jeder geschichte im verborgenen noch eine geschichte steckte. hier scheint es angebracht, sich die wesentlichen arbeiten Molzbergers vor Augen führen:

"Riesenspielzeug"(1991):
überdimernsionale figuren und geräte aus der märchen - und sagenwelt.

"Rückkehr" (1992):
hier handelt es sich als hintergrund (= die geschichte dahinter) nicht um konflikte zwischen menschen, sondern hier wird eindringlich ein beispiel dafür aufgezeigt, was wir menschen der natur antun können. zahllose tote schwalben, opfer brennender ölsümpfe des golfkrieges lagen dort im sand. sie konnten nicht mehr die heimreise in ihre nördlicher gelegenen brutplätze antreten. in einer eindrucksvollen, stummen anklage lässt Molzberger doch zurückkehren: 2000 keramikschwalben sind die fracht eines großen holzbootes als letzte heimreise.

"Davids Tagebuch" (1993):
siebdruckkeramik

"Abendmahl"(1999):
naturgroße keramikgruppe

"Ich weiß, das ich schnell sein werde"(1997):
ausstellung in der möchskirche Salzwedel mit einer reihe von plastikgruppen (aus verschiedenen materialien) denen jeweils eine besondere konfliktsituation zugrunde lag.

"Laßt es ruhen!":
künstlerische reflexionen zur geschichte des nationalsozialismus.

bei fast allen diesen arbeiten verzichtet Molzberger darauf, die anlässe und die hintergründe seines tuns leicht ablesbar darzustellen; er belässt es bei andeutungen. so macht er es den betrachtern oft schwer, die herkunft und den sinn seiner ausssagen zu erkennen. das audium des geheimnissvollen ist keineswegs bewusst nur dazu eingesetzt, um das interesse daran zu steigern.

bei den bisherigen arbeiten liegt in der regel ein individueller gewissenskonflikt der dargestellten personen zu grunde, der dann oft erst in abstrakter umformung sichtbar wurde. nur selten sind beim bearbeitungsprozess andere hinzugezogen, höchstens als modelle.

bei dieser arbeit Hans Molzberges ist in mehrfacher hinsicht ein neuer weg beschrit-

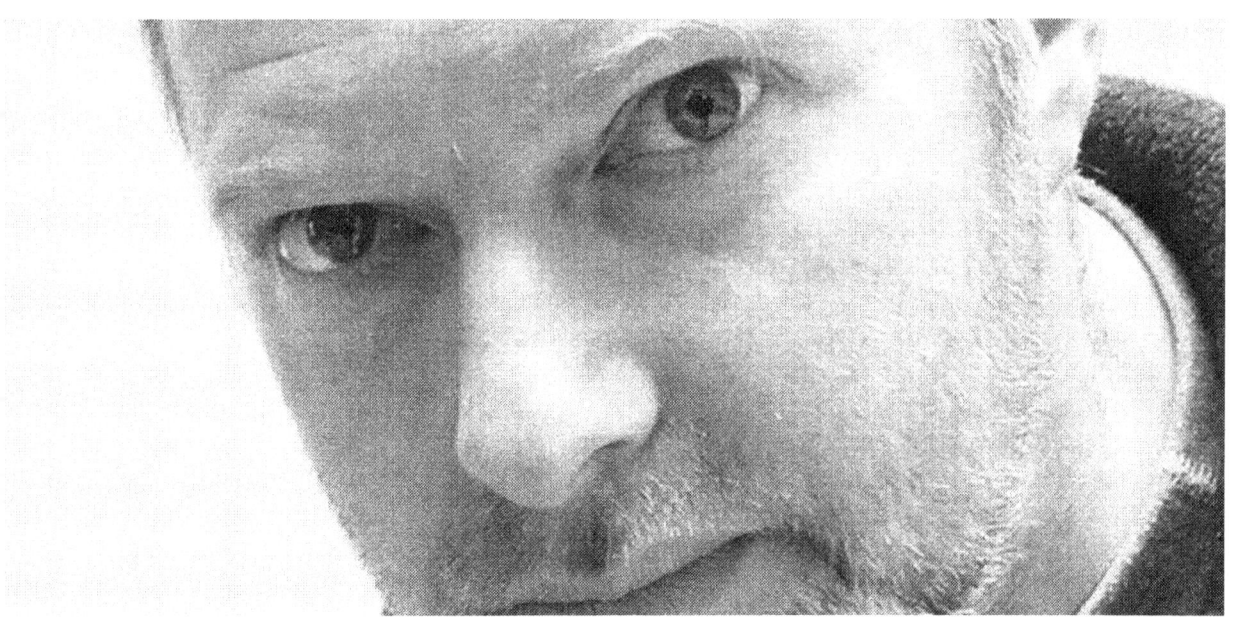

ten worden. nicht die persönlichen probleme einzelner sind die vorlage, sondern es sind die schwierigkeiten einer ganzen generation. und aus dieser generation wird eine besondere gruppe direkt am entstehungsprozess dieser differenzierten arbeit beteiligt. eine in unserer zeit vielfältig auftretende und besprochene erscheinung: „Jugend und

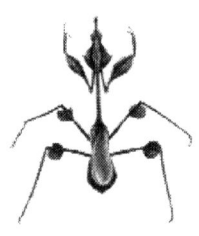

Gewalt" ist hier der ausgangspunkt. wenn auch dieses thema augenblicklich starke beachtung findet, so ist es doch keine neue, ungewöhnliche entwicklung.
die hier vorgestellte gruppenarbeit basiert auf den entsprechenden geschichten, wie die „vom bösen friederich" und „von den schwarzen buben" aus einem der frühesten deutschen bilderbücher „ Der Struwwelpeter" von H. Hoffmann aus dem jahre 1845.

diese projekt ließ sich nur realisieren durch das aufgeschlossene mitmachen der lehrerin für kunst, frau Heike Herrmann und deren fähigkeit, ihre schüler der 8. klasse der sekundarschule henningen für diese neue art der themenbearbeitung zu interessieren, ja letztendlich zu begeistern. zunächst setzte man sich in kursen und seminaren mit dem phänomen „jugend und gewalt", ursachen und auswirkungen kritisch auseinander. in einzelarbeit oder in unterschiedlichen gruppierungen wurde das zustandekommen, die steigerung und die vielfältigen äußerungen der gewalt diskutiert und die gewonnenen erkenntnisse schriftlich fixiert. dies geschah als aufzeichnung der stufenartigen entwicklung, als grafische darstellung oder als aufsatzartige berichte über eigene entsprechende erlebnisse bzw. durch übertragung der Struwwelpeter geschichten in die heutige zeit. als ergänzung diese teils der bearbeitung wurden bildliche darstellungen einschlägiger szenen von schülern angefertigt, die eine interessante dokumentation dieser arbeitsstufe darstellt. danach folgte die nächste phase, bei der der dialog zwischen schüler und künstler im vordergrund stand.

sie bildete gleichzeitigen übergang von der zwei- zur dreidimensionalen bearbeitung des themas. schülergruppen versuchten besonders ausdrucksstarke szenen aus den Struwwelpeter-geschichten pantomimisch darzustellen. körperstellungen zueinander, der eine als täter- der andere als opfer erkennbar, wurden vielfältig durchgespielt und die aussagekräftigsten im foto festgehalten. Hans Molzberger erläuterte dabei die anforderungen an die jeweiligen gruppierungen, die einerseits in der erstarrten bewegung die nachgestelltne handlungen erkennbar machten und andererseits die machbarkeit der geplanten plastiken im hinblick auf das dazu einzusetzenden material bedachte.
der nächste schritt war nun der wirkliche übergang von der zweiten in die dritte dimension. an hand der fotos nahmen die schüler zur abformung ihrer körper nun die gleichen positionen ein, so dass eine reihe von negativformen entstand. die wiederum wurden mit plastischen massen ausgegossen, nach dem erstarren, von den formen befreit, im rakuofen gebrannt. dabei bekamen die teile eine hohe festigkeit und zeigten eine unterschiedlich typische rakuoberfläche.

die einzeln nachgebauten körperteile wurden darauf - wieder unter zuhilfenahme der fotos - in rechter weise zusammengefügt und auf einer eisenblechgrundplatte als standfläche montiert.

die arbeitsschritte vom fotografieren bis hin zu den fertigen figuren und figurengruppen spielten sich in den werkstätten von Hans Molzberger ab. dabei kamen sowohl diverse materialien, als auch eine reihe von handwerklichen techniken zur anwendung. so erlebten die schüler den umgang damit und konnten zum teil selbst hand anlegen, was den lerneffekt erhöhte.
als material kamen u.a. zur anwendung: gips, ton, wachs, stahl, als techniken: schweißen, schmieden, sowohl von hand als auch mit dem elektrischen schmiedehammer. weiteres material und entsprechendes gerät brachte Molzberger diesmal zum einsatz; darüber weiter unten mehr.

die entstandenen plastiken zeigen keine realistische, also keine der wirklichkeit entsprechende formensprache. vieles deutet Molzberger nur an und lässt manches unvollständig; ihm ist die erkennbare tendenz in der haltung der

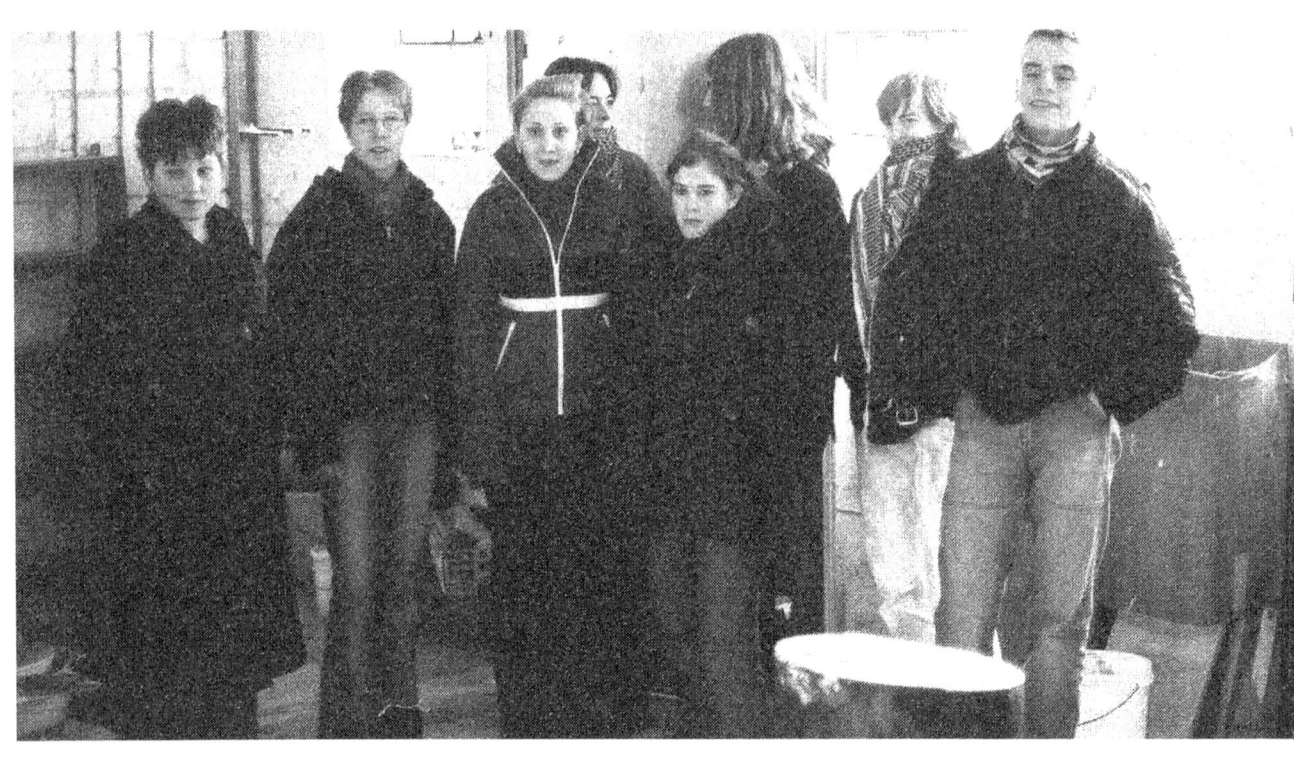

figuren wichtiger, als beispielsweise die länge und krümmung eines kleinen fingers. ausgenommen davon sind diesmal die gesichter, deren erschreckte oder brutale züge nicht fehlen sollten. dies wurde möglich, da Molzberger hier ein für ihn neues verfahren verwendete: den bronzeguss, und diesen nach dem wachsausschmelzverfahren. dies ist ein mehrstufiger prozess, der mit dem modellieren der einzelteile in wachs beginnt. jedes dieser teile wird sodann in einem blechzylinder (mit reichlich luftkanälen) fixiert. sodann muss der luftraum zwischen dem wachsgebilde und der blechum-hüllung mit einem brei aus plastischen massen ausgegossen werden. nach dem austrocknen dieser füllung kommen diese tonnen in den ofen, mit der wachseinfüllöffnung nach unten, so dass beim aufheizen das geschmolzene wachs heraus laufen kann. nach dem erkalten werden die tonnen nebeneinander aufgestellt, diesmal mit der öffnung nach oben. In diese negativform wird die flüssige bronze eingegossen, die blechumhüllung des zylinders entfernt und die inzwischen etwas spröde gewordene umhüllung des bronzekerns abgeschlagen. nun tritt endlich der bronzeguss zutage, voll spannung erwartet. es mischt sich dann freude mit stolz, wenn darunter kein fehlguss war. darauf wurden die bronzeteilstücke an die bislang aus anderen materialien noch unvollkommen gefertigten skulpturen angefügt. erst jetzt zeigten sich die plastiken in ihrer kompletten form.

bei der vorbeschriebenen, mehrstufigen aktion ist als besonders positiv zu bewerten, dass sie eine zusammenführung verschiedener einzelaktionen war. auf der einen seite für die schüler auf der grundlage des Struwwelpeters die entwicklung von der theoretischen annäherung an das thema, über das kennenlernen verschiedener techniken bis hin zur realisation von kunst, eine in seiner dichte wohl recht seltene möglichkeit der vermittlung von einblicken im kunstunterricht. auf der anderen seite dürfte es für den künstler auch eine bereicherung gewesen sein, sich mit jungen menschen im gemeinsamen hantieren und zahllosen diskussionen ausgetauscht zu haben.

Prof. Wolfgang Kimm

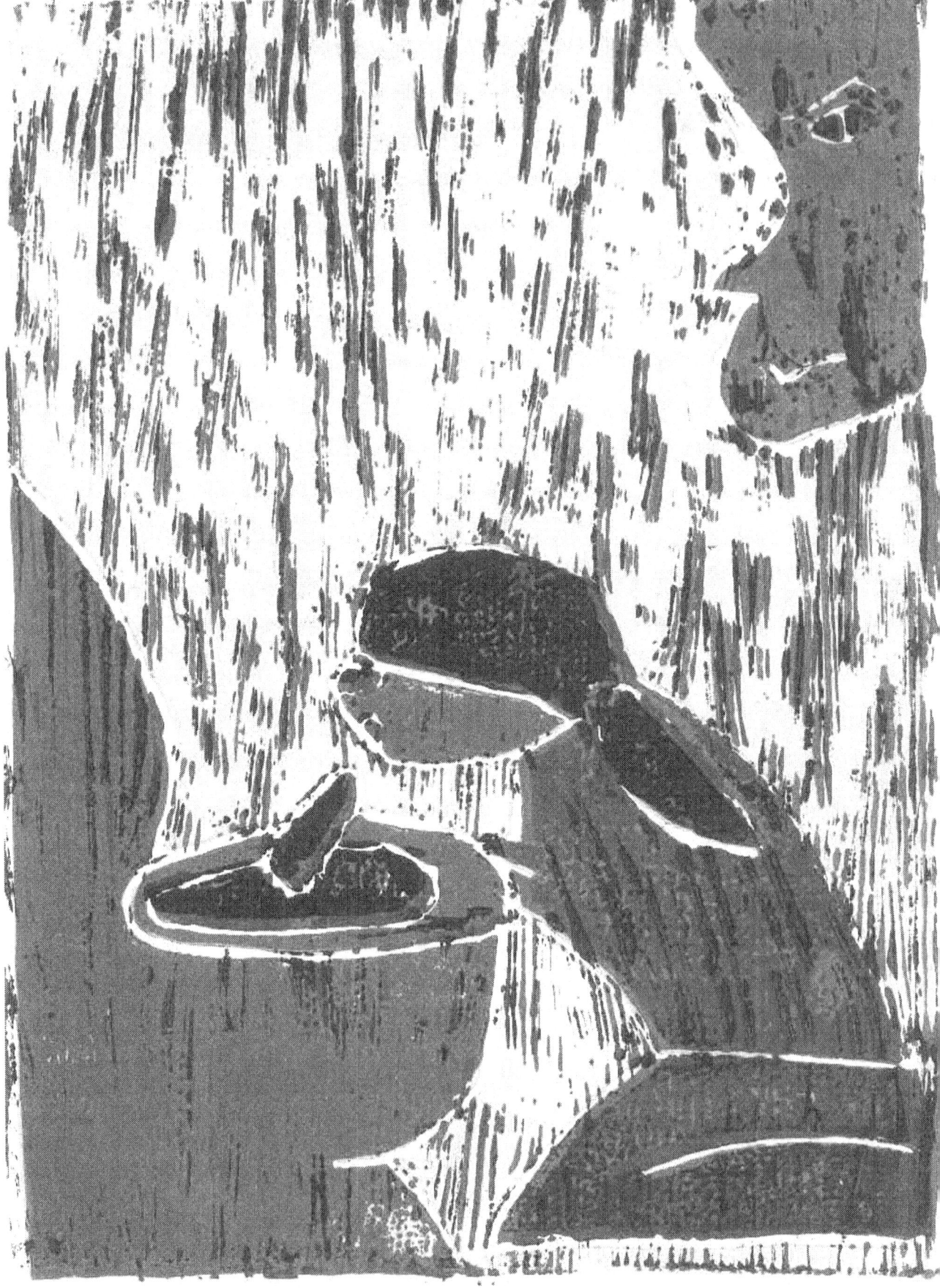

Pizza-Essen wird zum Horror

Jana Bulgus
Sabrina Müller
Nadine Blank
Cindy Rubock

Gewalt

- Sträfling, Knast, Bcizei
- Knast, Waffen
- zerstückeln, abstechen, erschießen
- Ausland, zu Sklaven machen, Prostitution
- Drogen, Alkohol, Kiffen, Penner, Punks, Schlägerei, Krankenhaus
- schlagen, blaues Auge, blaue Flecke, Zähne raus schlagen, schmerzen, Knochen brechen, bewußtlos
- mißbrauchen, kidnappen, einsperren
- ...nseln

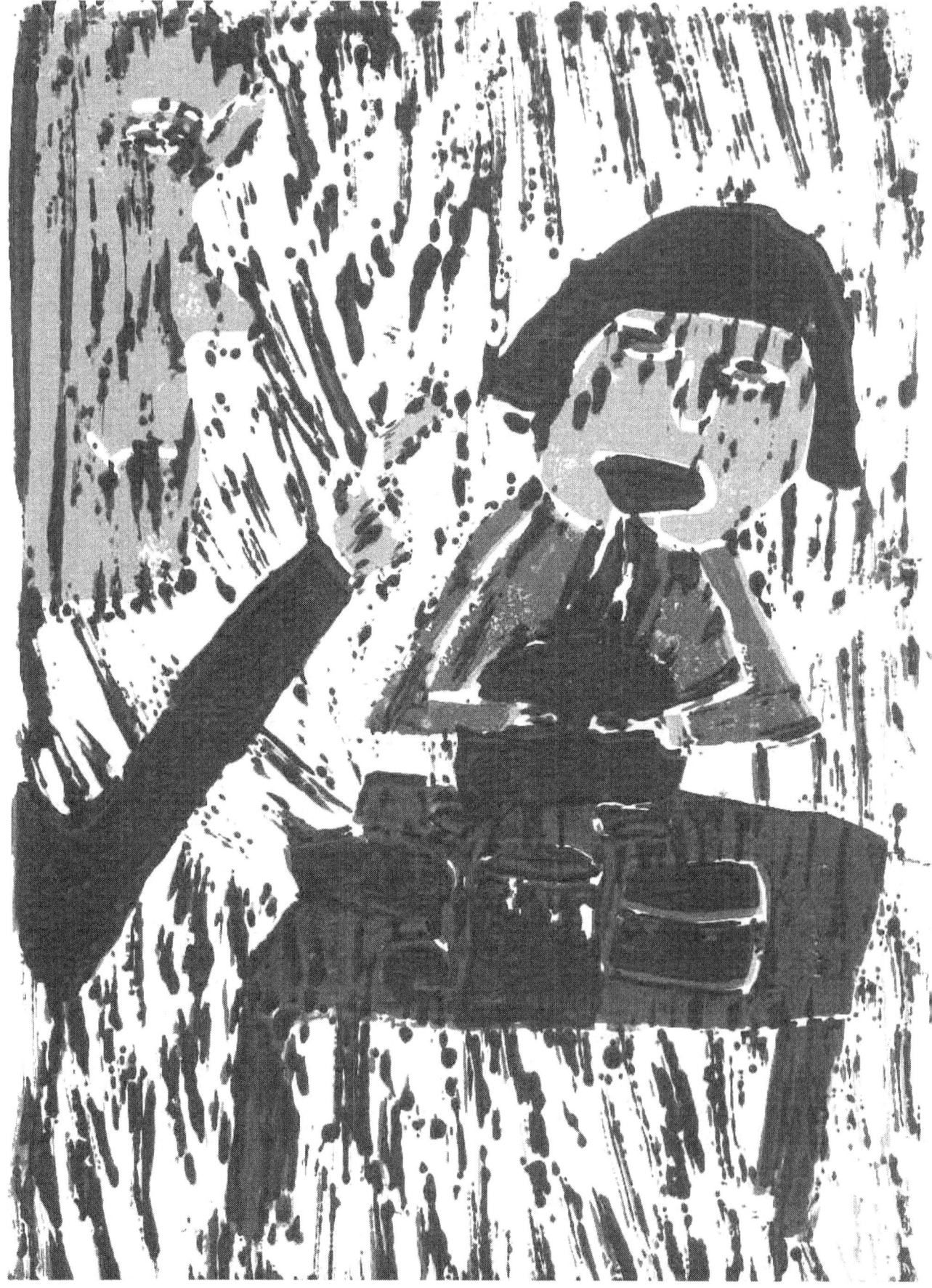

Das Pizza essen wird zum Horror

Nadine aß für ihr Leben gern Pizza. Und jedesmal wenn sie von der Schule kam, stand ihre Pizza auf dem Tisch. Sie kam eines Tages von der Schule, da sah sie ihren Stiefvater der stinkbesoffen war. Sie sollte in den Keller gehen und ihm ein Bier holen. Sie wollte das Bier holen und plötzlich ging die Kellertür zu. Nadine weinte höllisch und schrie lass mich raus. Ihr Stiefvater lachte nur. Die Haustür ging und sie sah durch das Fenster, dass ihr Stiefvater wegging. Nadine versuchte die Kellertür aufzubrechen. Doch dann sah sie ihren Stiefvater wiederkommen. Er hatte eine Packung Tabletten in der Hand. Nadine hoffte, dass ihre Mutter nachhause kommt. Die Haustür ging schon wieder zu. Ihr Stiefvater kam sofort zu ihr in den Keller und stopfte ihr 3 Tabletten in den Mund. Er wollte einfach seine Ruhe haben, weil sie nicht aufhörte zu schreien. Nadines Stiefvater schlug sie und plötzlich rief ihre Mutter, Nadine wo bist du, bist du da? Hallo? Ihr Stiefvater rannte aus dem Keller, „Hallo Schatz" sagte er. Wo ist Nadine, fragte ihre Mutter. Nadine kam aus dem Keller und ihre Mutter fragte was ist passiert. Sie konnte nichts sagen. Setz dich hin meine

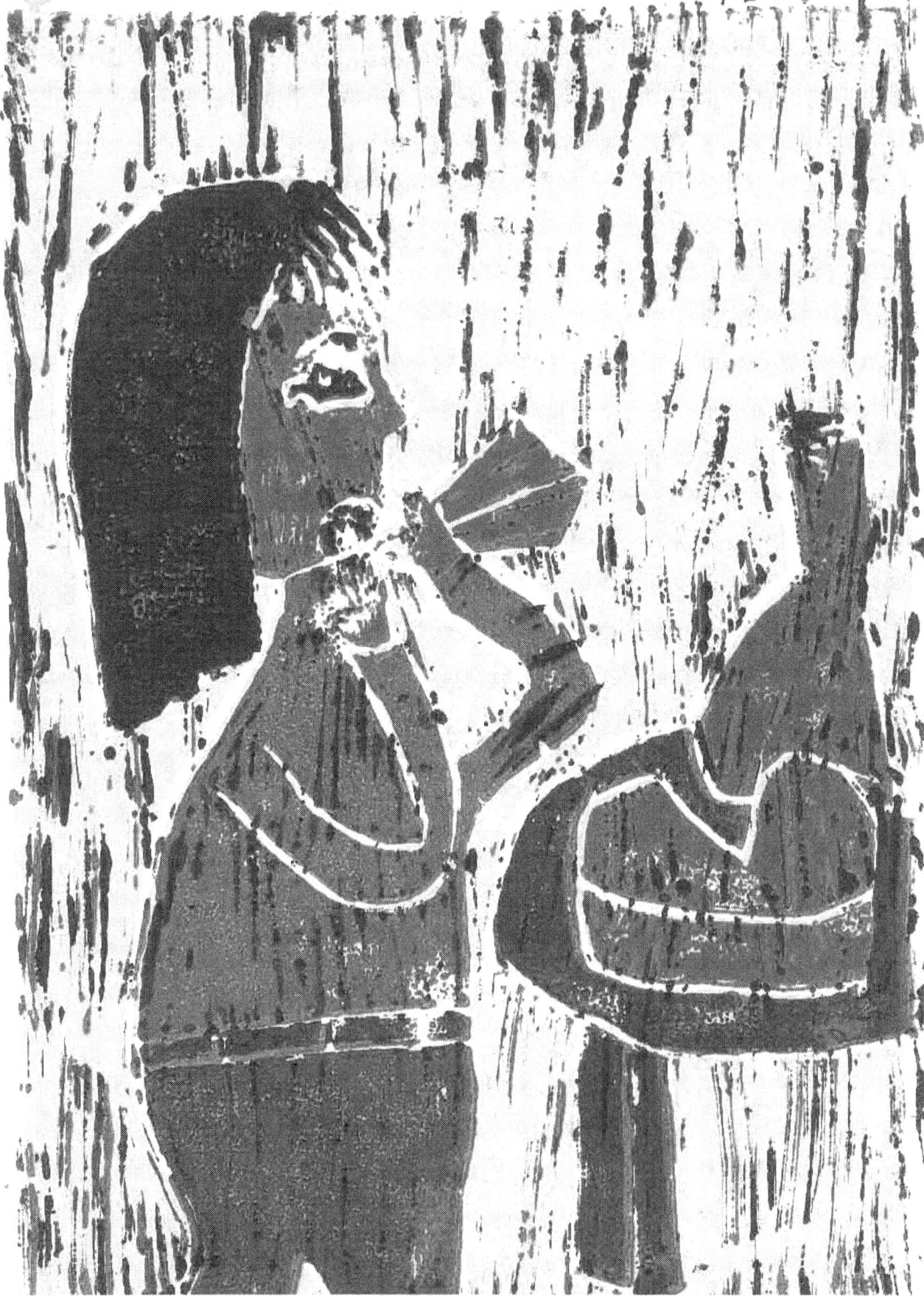

Tochter iss deine Pizza. Nein ich möchte keine. Ich esse keine Pizza mehr. Sie ging den nächsten Tag wieder in die Schule. Alle guckten sie an. Nadine hatte durch dem Vorfalle mit ihrem Stiefvater sehr abgenommen. Nadine kam wieder aus der Schule. Ihre Mutter hatte Urlaub. Ihr Stiefvater war nicht da. Die Mutter rief Nadine, es gibt Pizza. Nein ich esse meine Pizza nicht. Und so ging das den ganzen Tag. Sie war dünn wie eine Bohnenstange geworden. Sie wog nur noch 35 kg. Da Nadine so dünn war, kam sie ins Krankenhaus. Sie hatte jede Nacht Albträume. Ihr Stiefvater kam seit dem Tag nicht mehr nachhause. Weil er Angst hatte, dass die Wahrheit heraus kommen konnte. Aber Nadine konnte das nie vergessen. Seitdem hat sie Essstörungen.

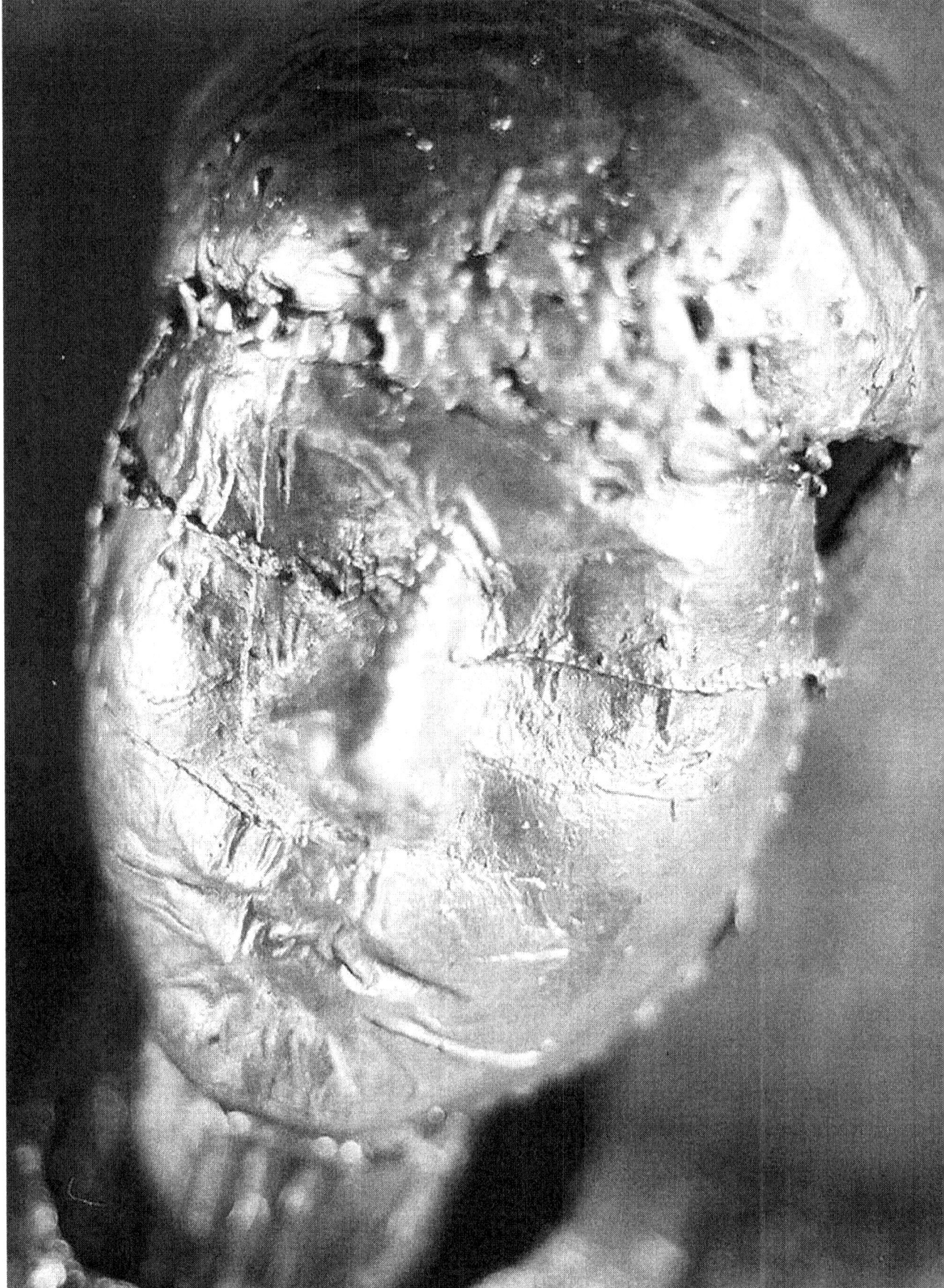

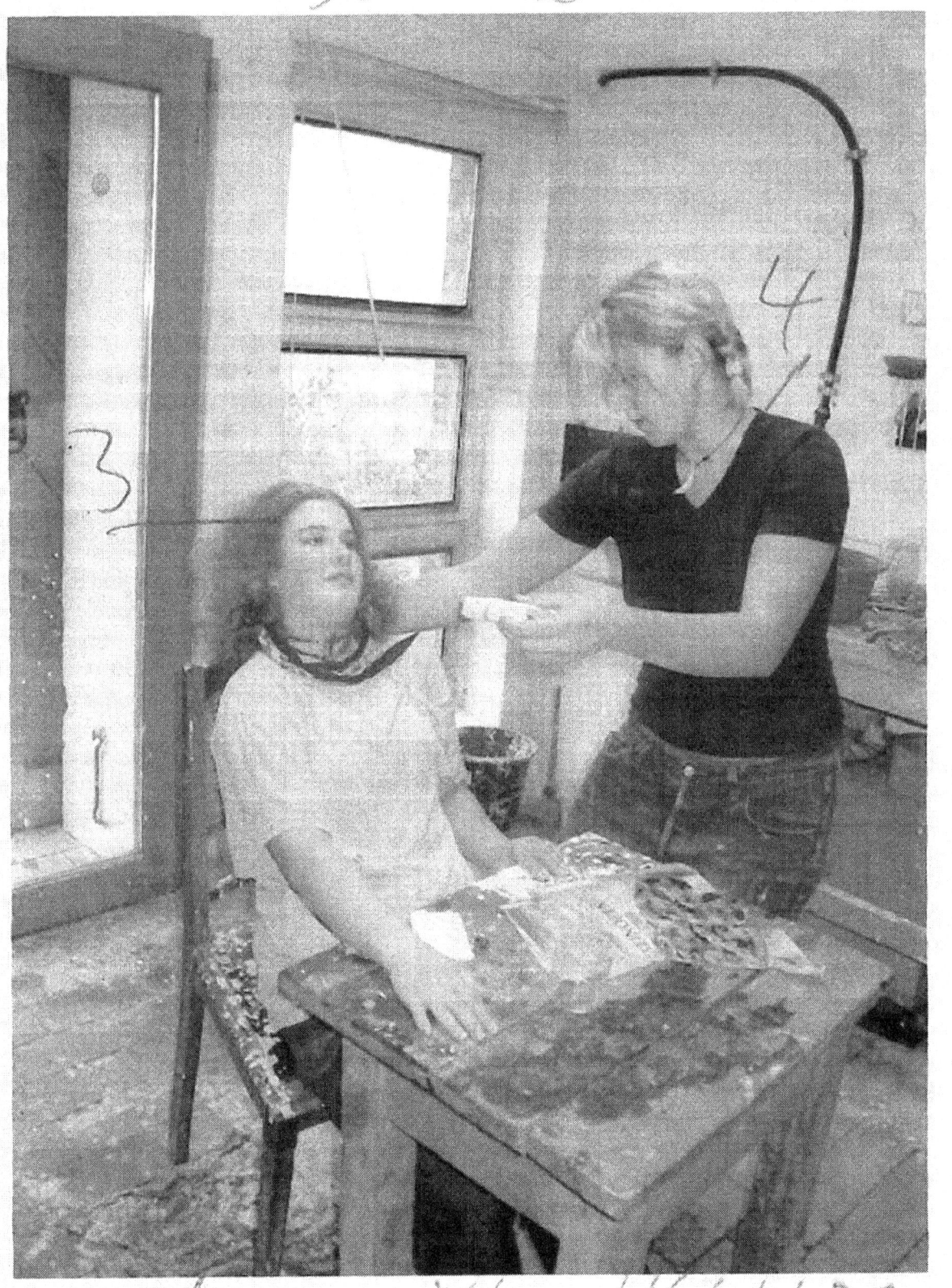

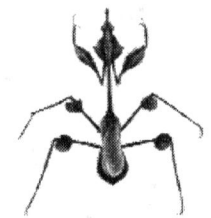

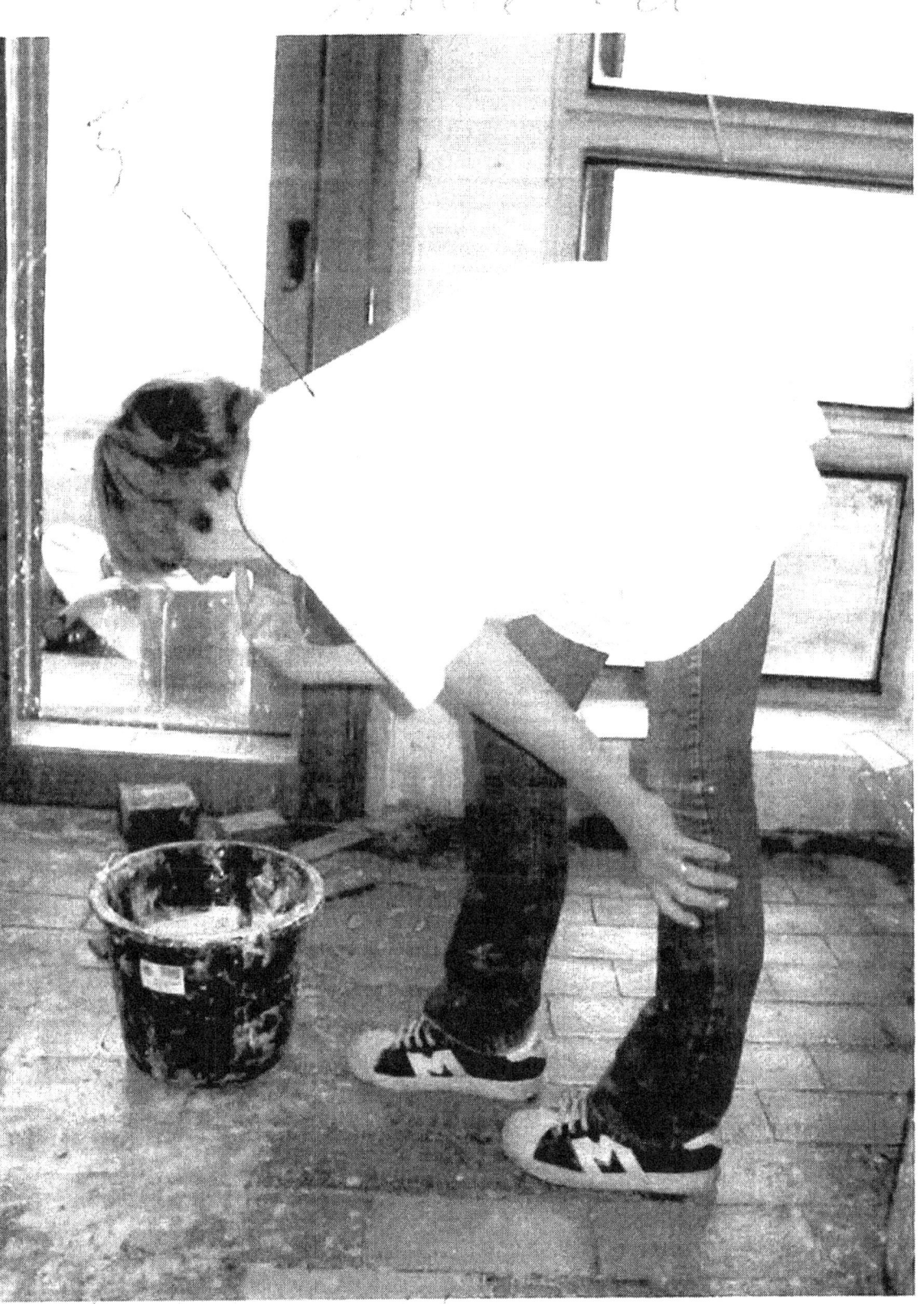

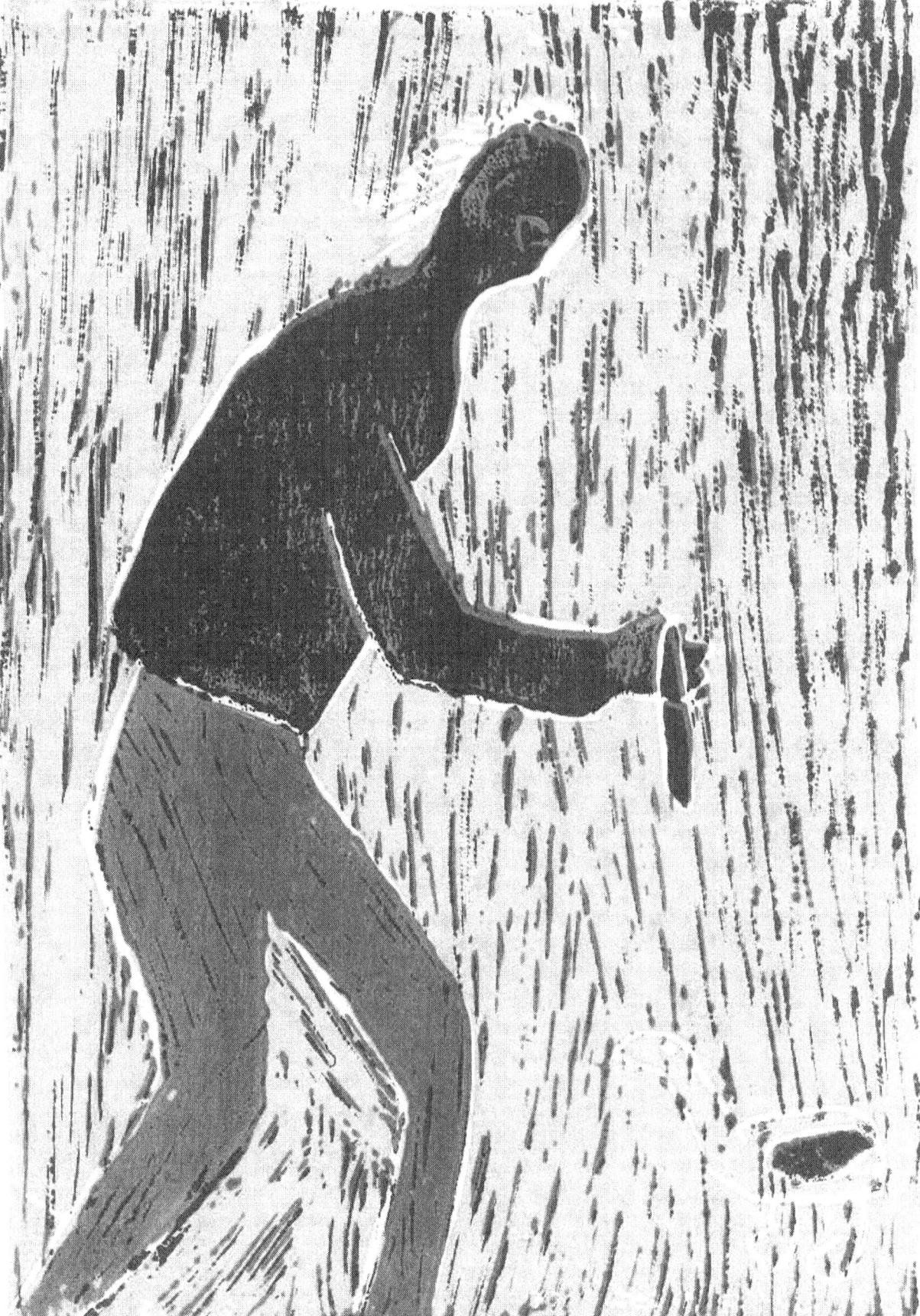

Friederich der Satanist

Sebastian Köhler
Hagen Schröter
Martin Hentschel

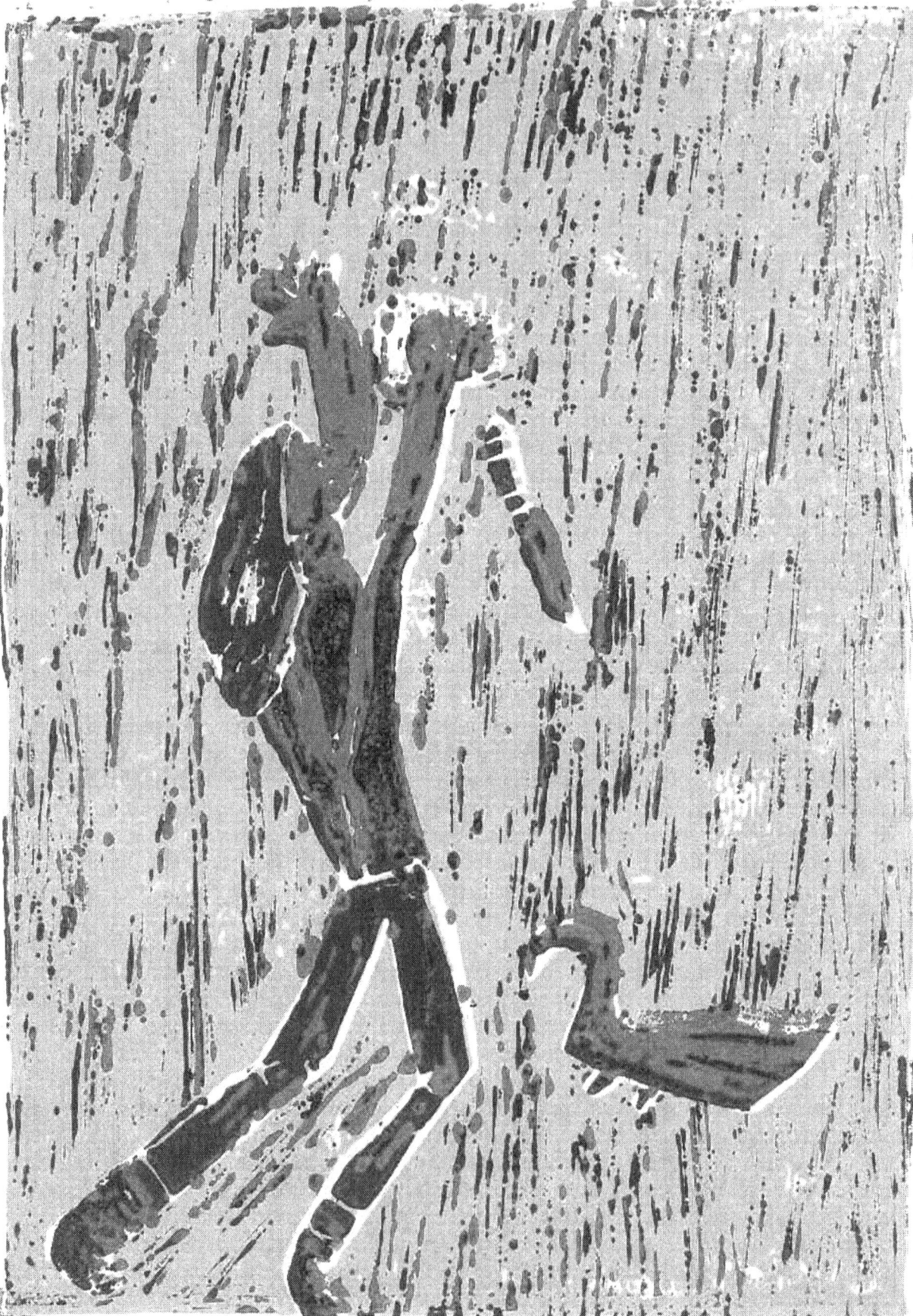

Es war ein kleines Kind namens Friedrich, der schon im Alter von 3 Jahren Tiere quälte.
Das steigerte sich dann.
Mit fünf Jahren verprügelte er bereits kleine Kinder.
Das gab ihm das Gefühl der Überlegenheit, was jahrelang weiterging.
Als er wegen Körperverletzung in den Jugendarrest kam, war er 14 Jahre alt.
Hier lernte er den Satanismus kennen, den er für sich entdeckte.
Als er entlassen wurde, suchte er den Anschluss an die Szene. Tiere zu opfern war nun kein Hit mehr.
Aber an Menschen traute er sich noch nicht ran.

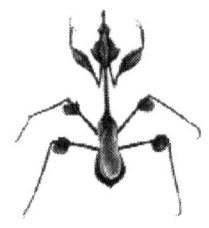

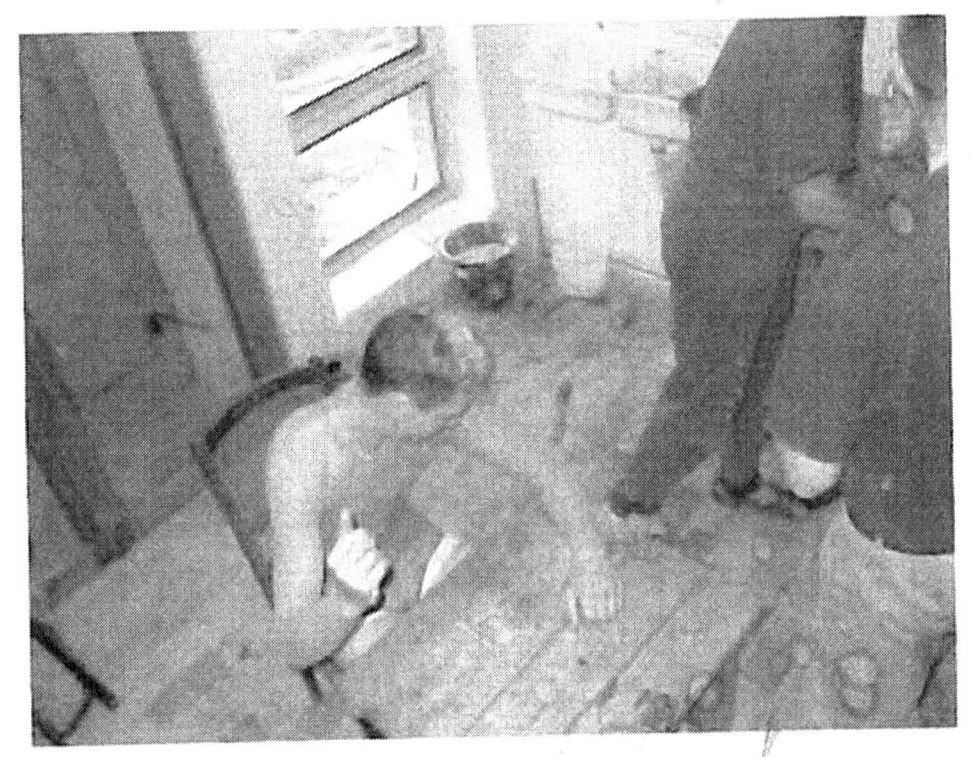

2 x 1,10
4 x 0,35
ah 2 x 0,95

```
                    Warnung                  Verbrennung
                    Drohung                  Schlagen
                    Streiten                 Missbrauch
  Kidnapping ─── Gewalt ─── Vergewaltigung
  ins Ausland
  schaffen                                         Geld forderung
              Unterdrückung  erpressen — Droh s.M.S
              Erpressung    Telefonterror
                            entführen
                            Drohbrief
                            Verfolgungen
```

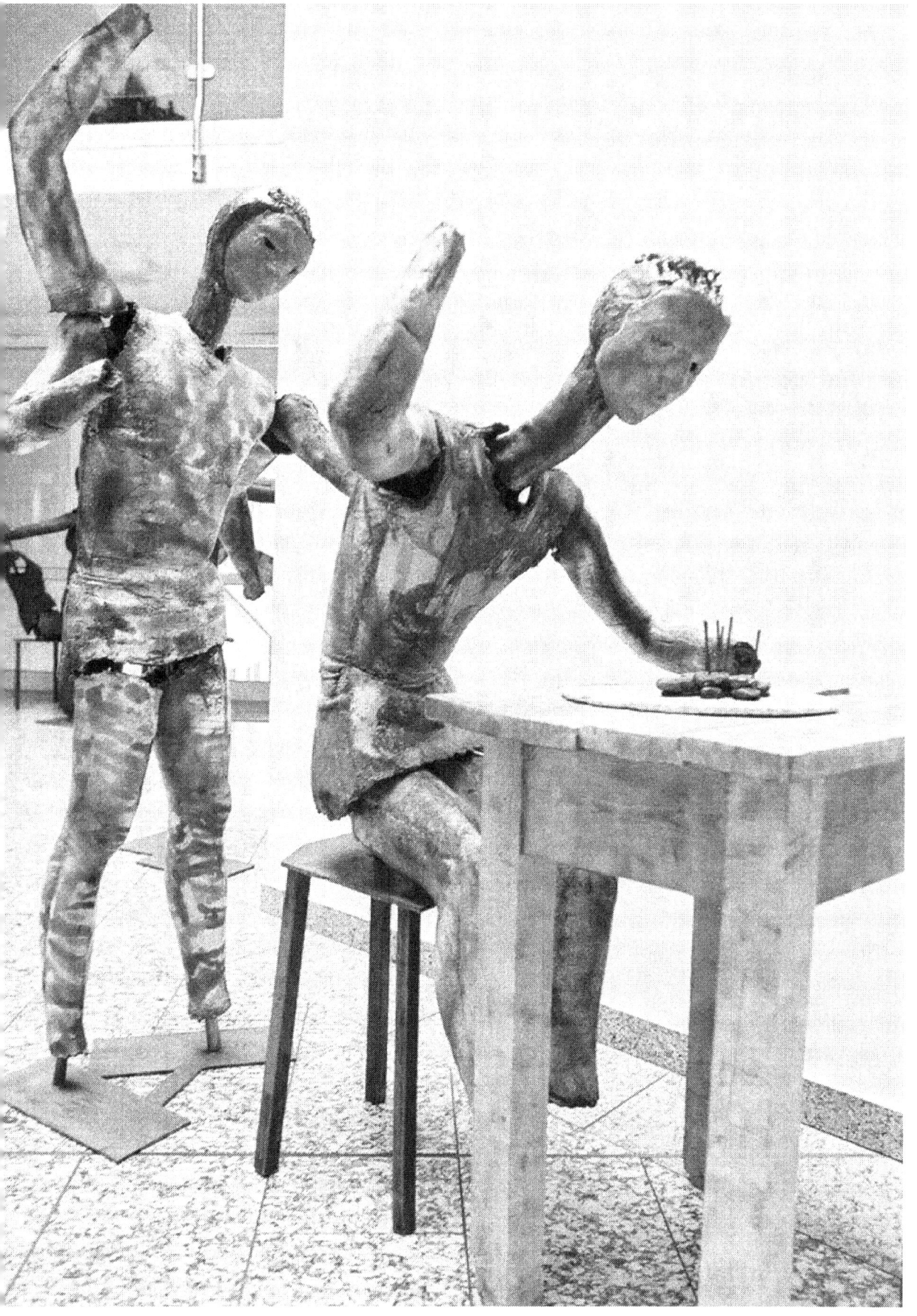

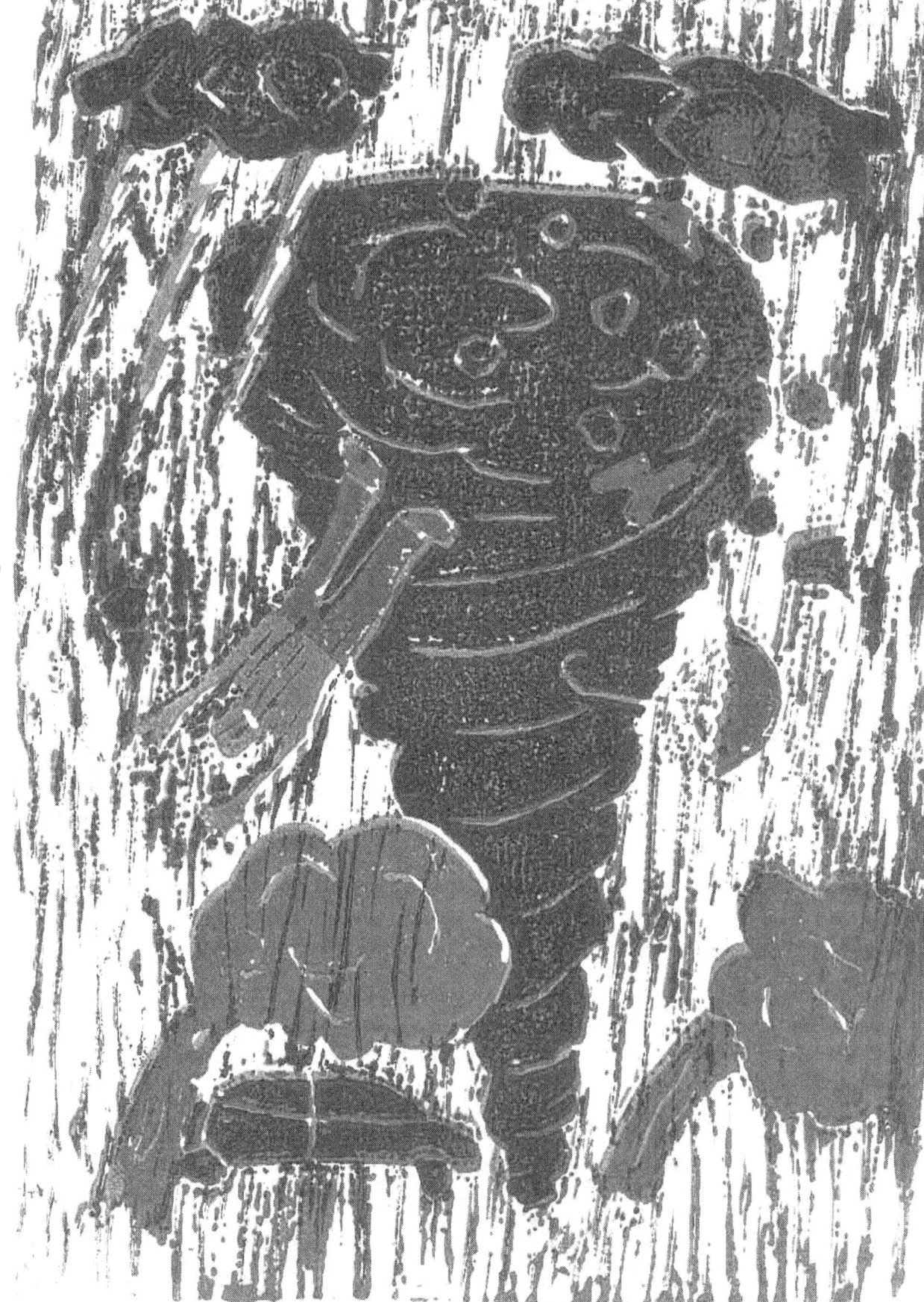

Der Selbst-Quäler

nach „Daumenlutscher"

Michael Schöne
Christian Haas
Marcel Meier
Torsten Gylera
Torben Axel

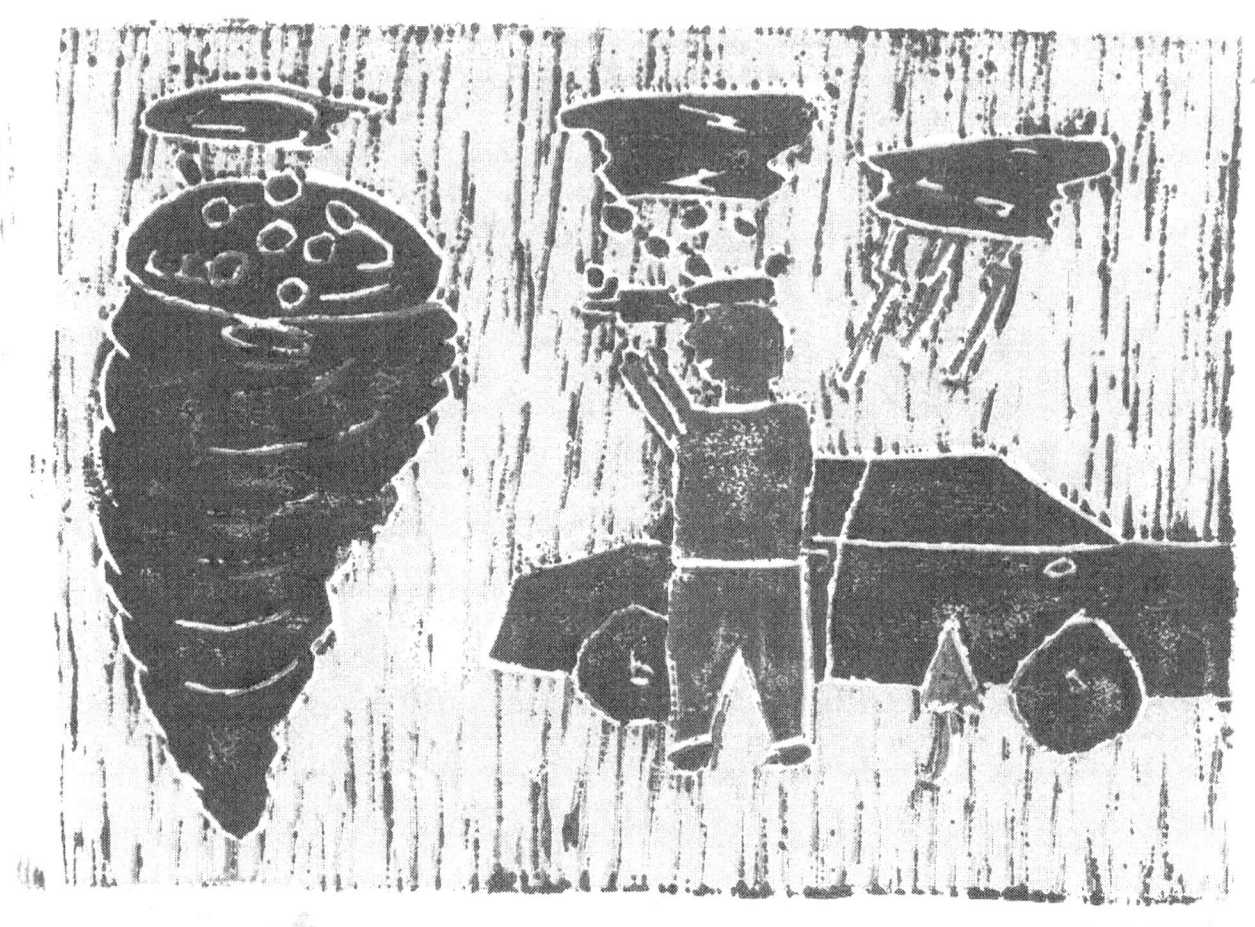

Nadine hatte durch den Vorfall mit ihrem Stiefvater
hr abgenommen.
Nadine konnte das nie vergessen. Seitdem hat sie
Essstörungen.
(Nadine, Jana, Sabrina, Cindy)
„Essstörungen"

Das Quälen gab ihm das Gefühl der
Überlegenheit.
(Hagen, Sebastian, Martin)
„Friedrich der Satanist"

An die Schmerzen hatte sich Conny gewöhnt. Nun

fügte es sich selbst Schmerzen zu.
(Michael, Torben, Thorsten, Marcel, Christian)

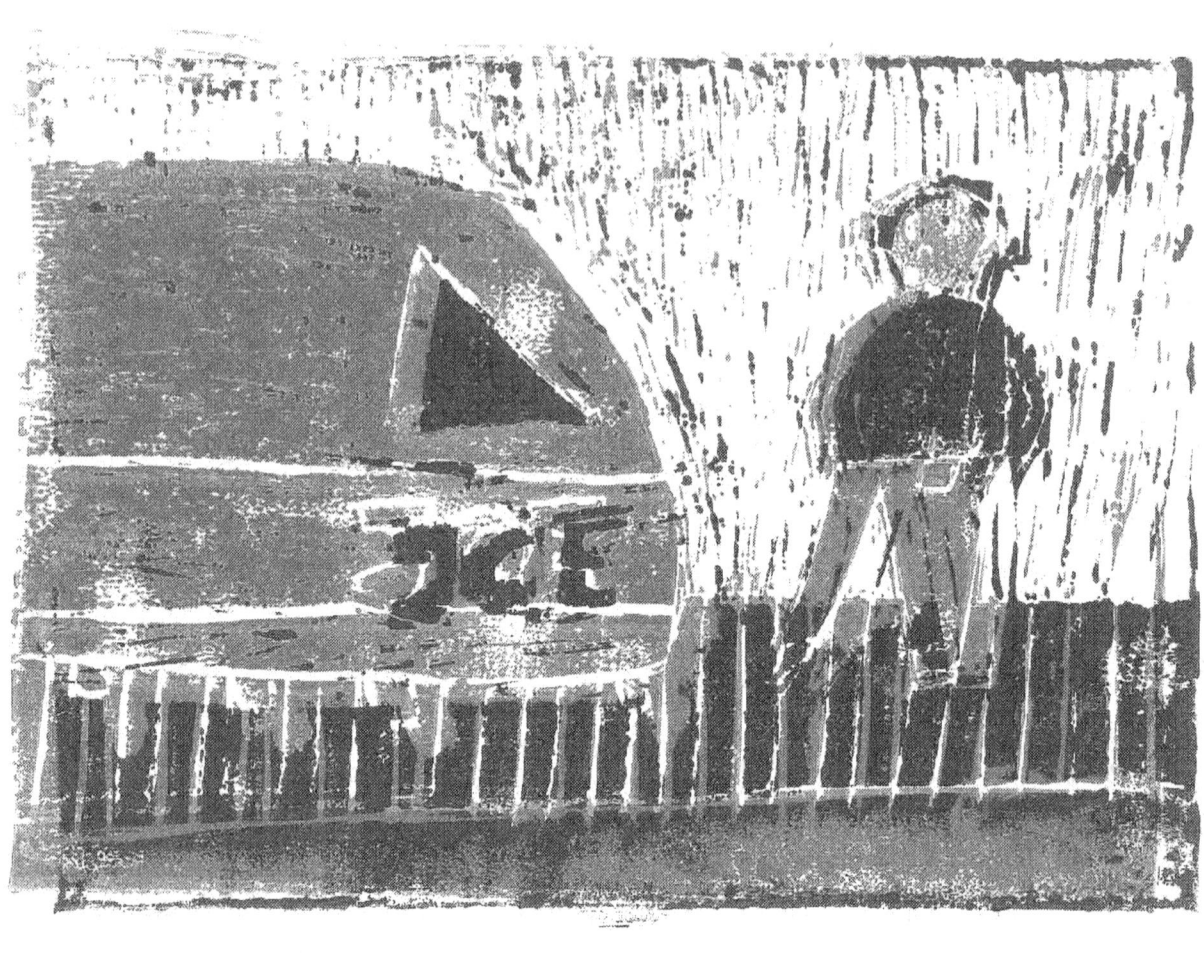

Nadine hatte durch den Vorfall mit ihrem Stiefvater sehr abgenommen.
Nadine konnte das nie vergessen. Seitdem hat sie Essstörungen.
(Nadine, Jana, Sabrina, Cindy)
„Essstörungen"

Das Quälen gab ihm das Gefühl der Überlegenheit.
(Hagen, Sebastian, Martin)
„Friederich der Satanist"

An die Schmerzen hatte sich Conny gewöhnt. Nun fügte es sich selbst Schmerzen zu.
(Michael, Torben, Thorsten, Marcel, Christian)

Mindmap – zentraler Begriff: **Gewalt**

- jemanden wegen etwas anzeigen
- hänseln
- Mobbing
- Sarkasmus – Tier und Menschen quälen
- radikal – schlagen
- Nazis – Anzünden von Asylantenheimen
- Knochen brechen

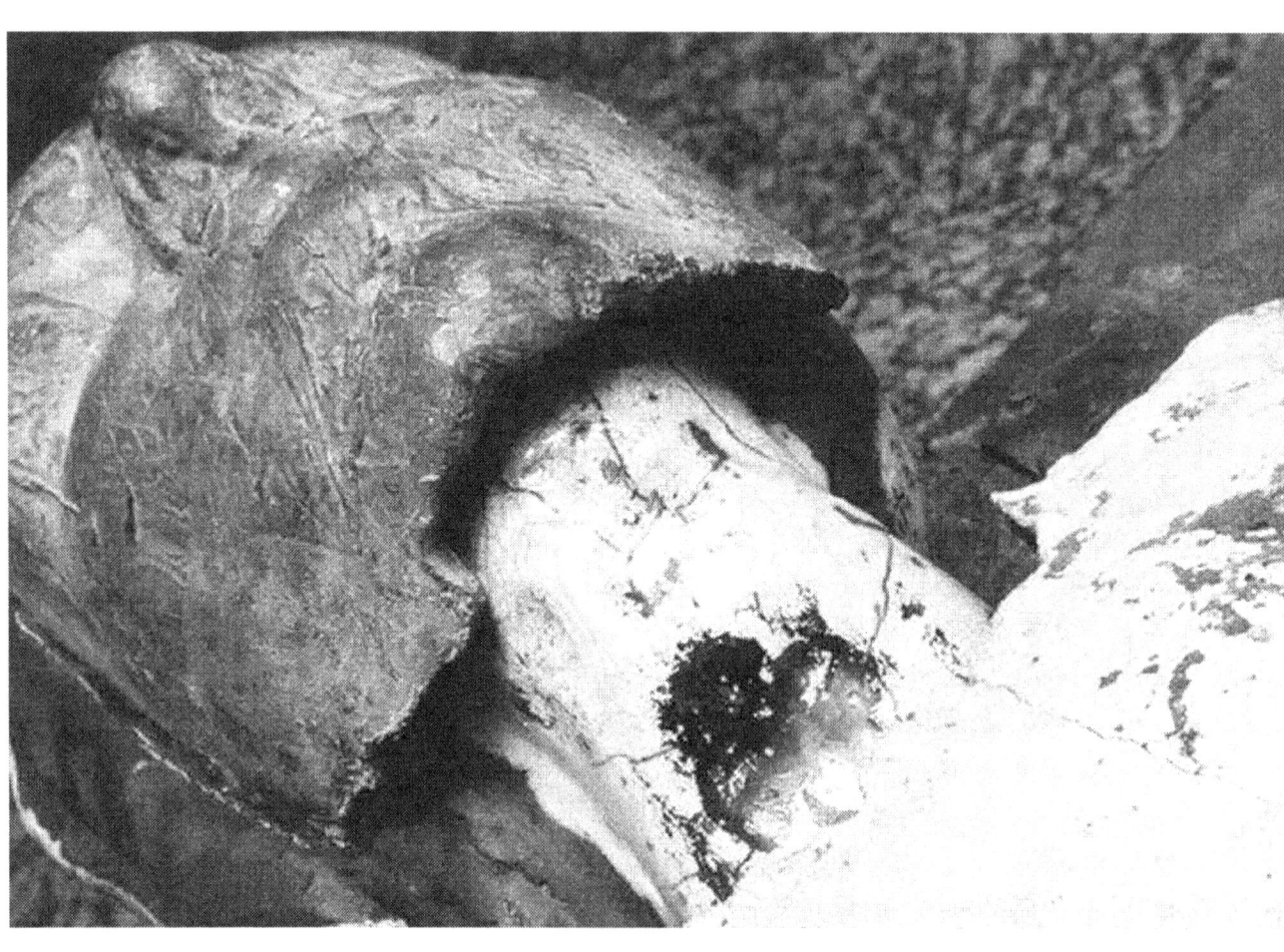

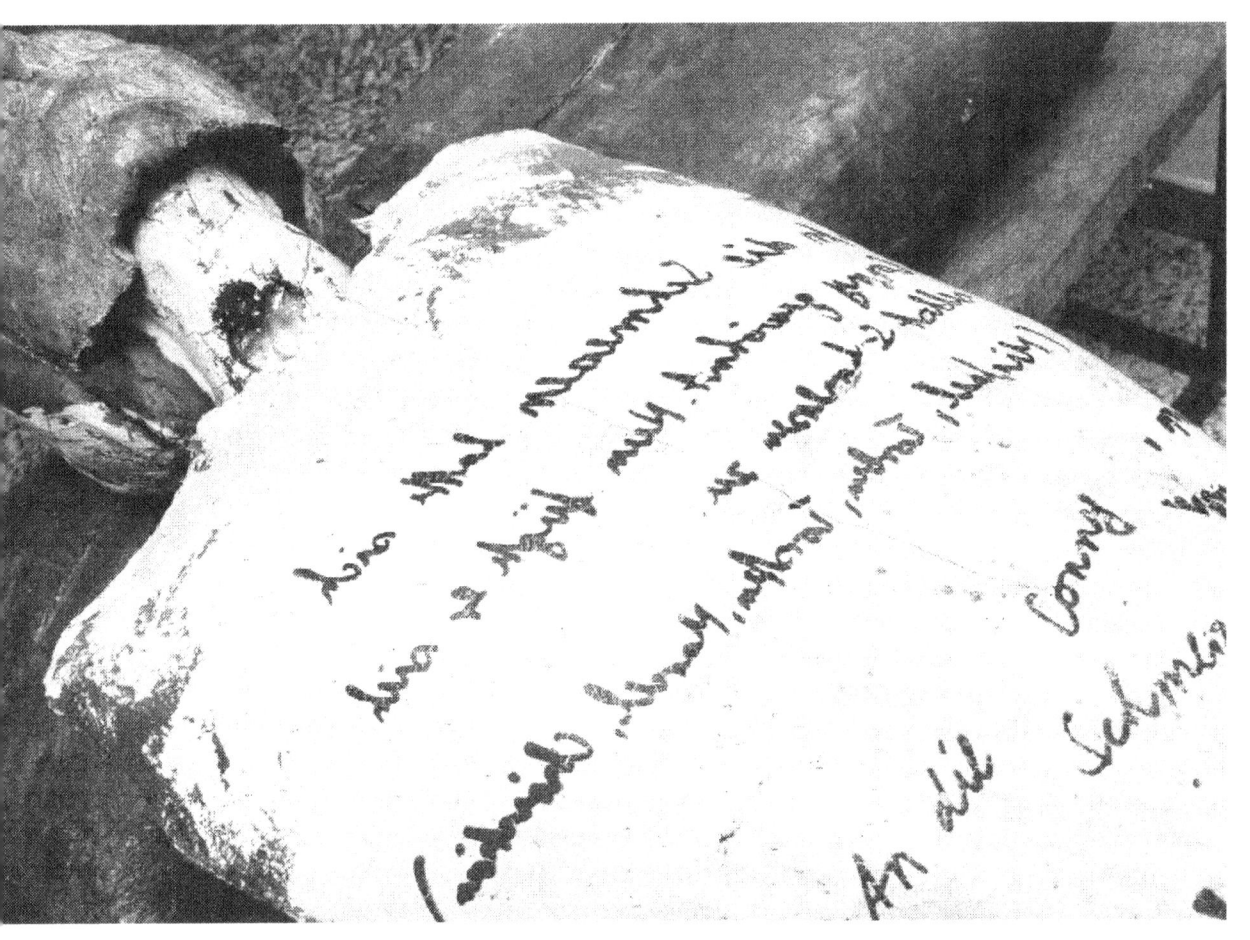

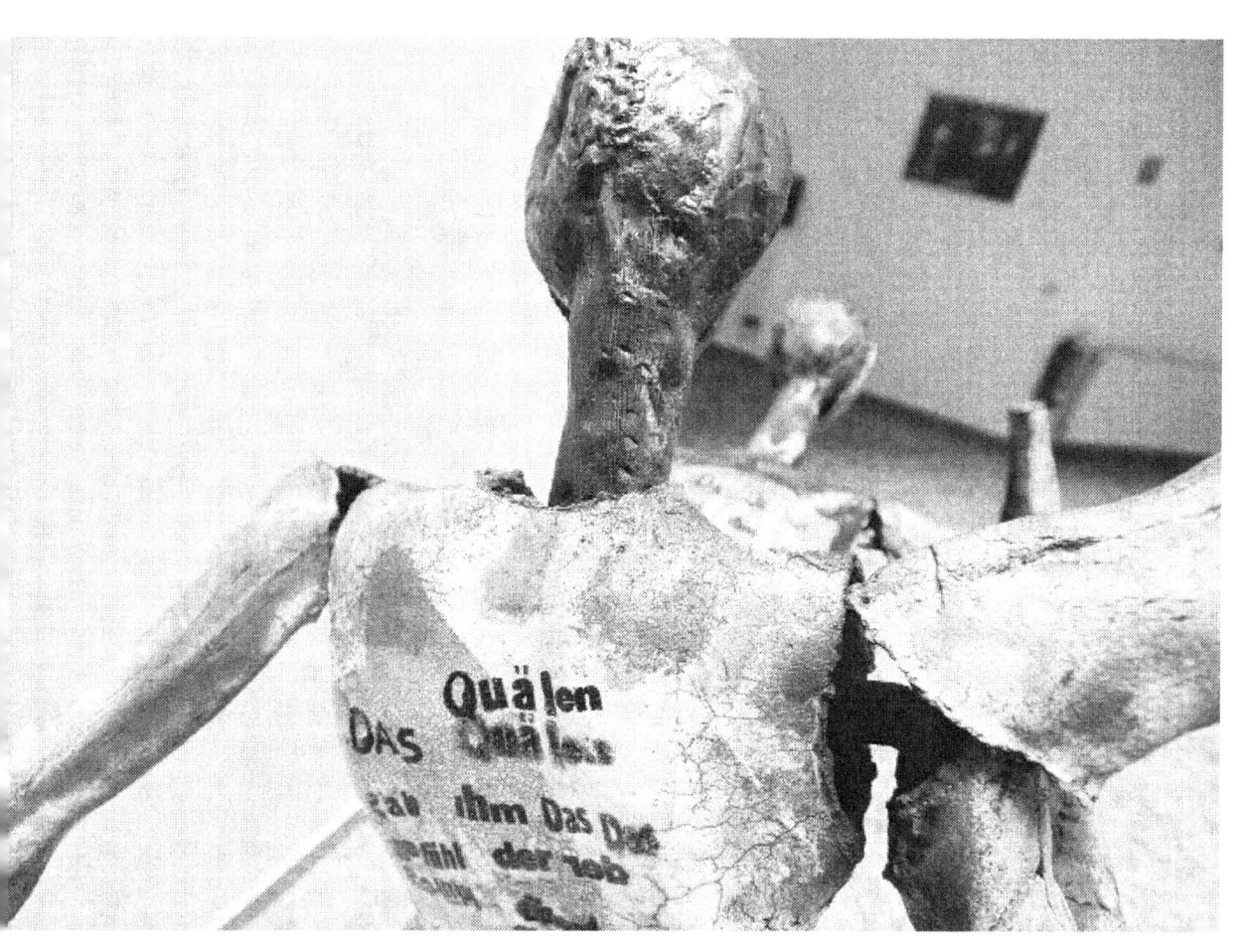

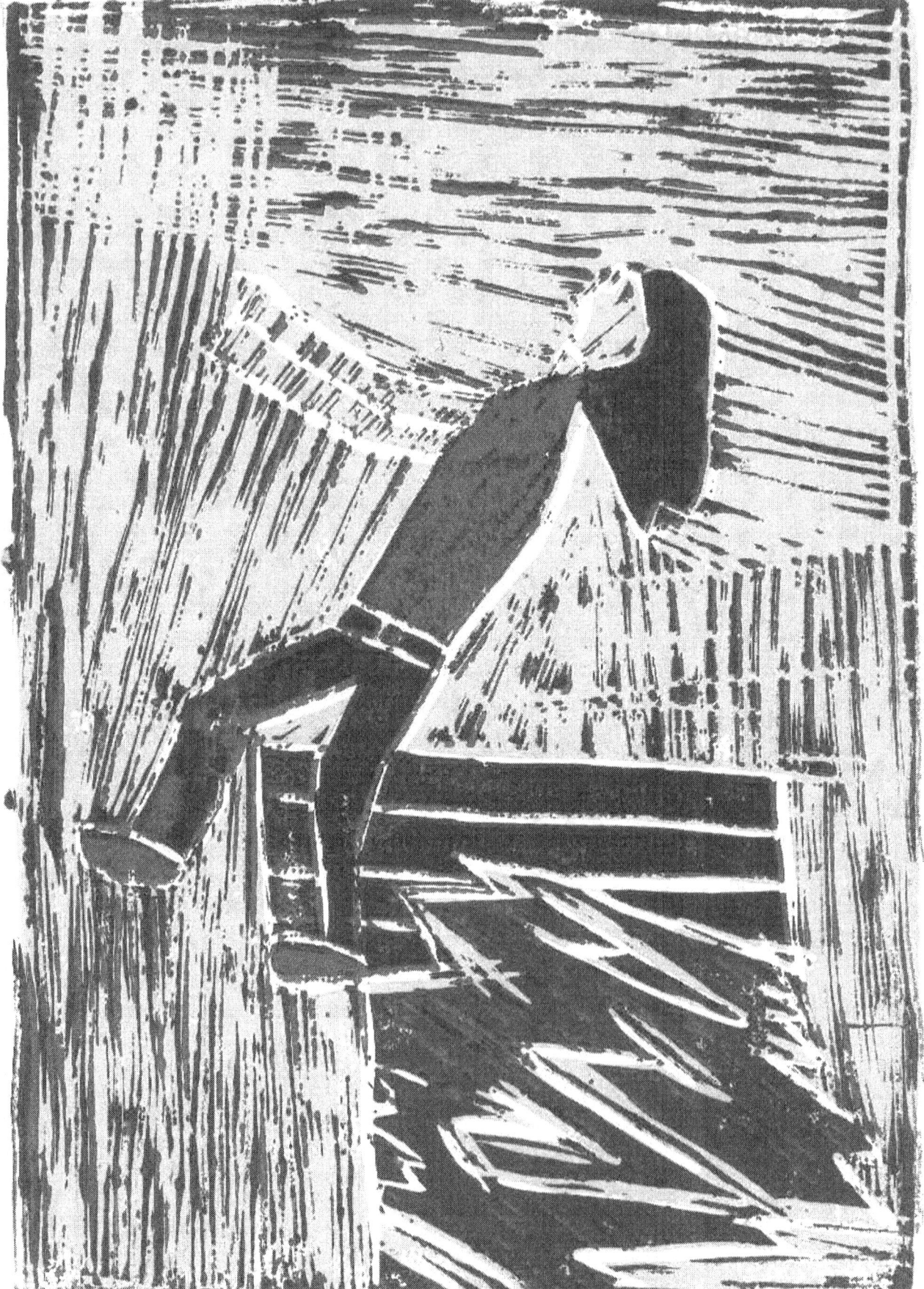

Die Geschichte mit den Drogen
nach (... mit dem Feuerzeug

Mandy Roy
Carola Schulz
Anja Machel

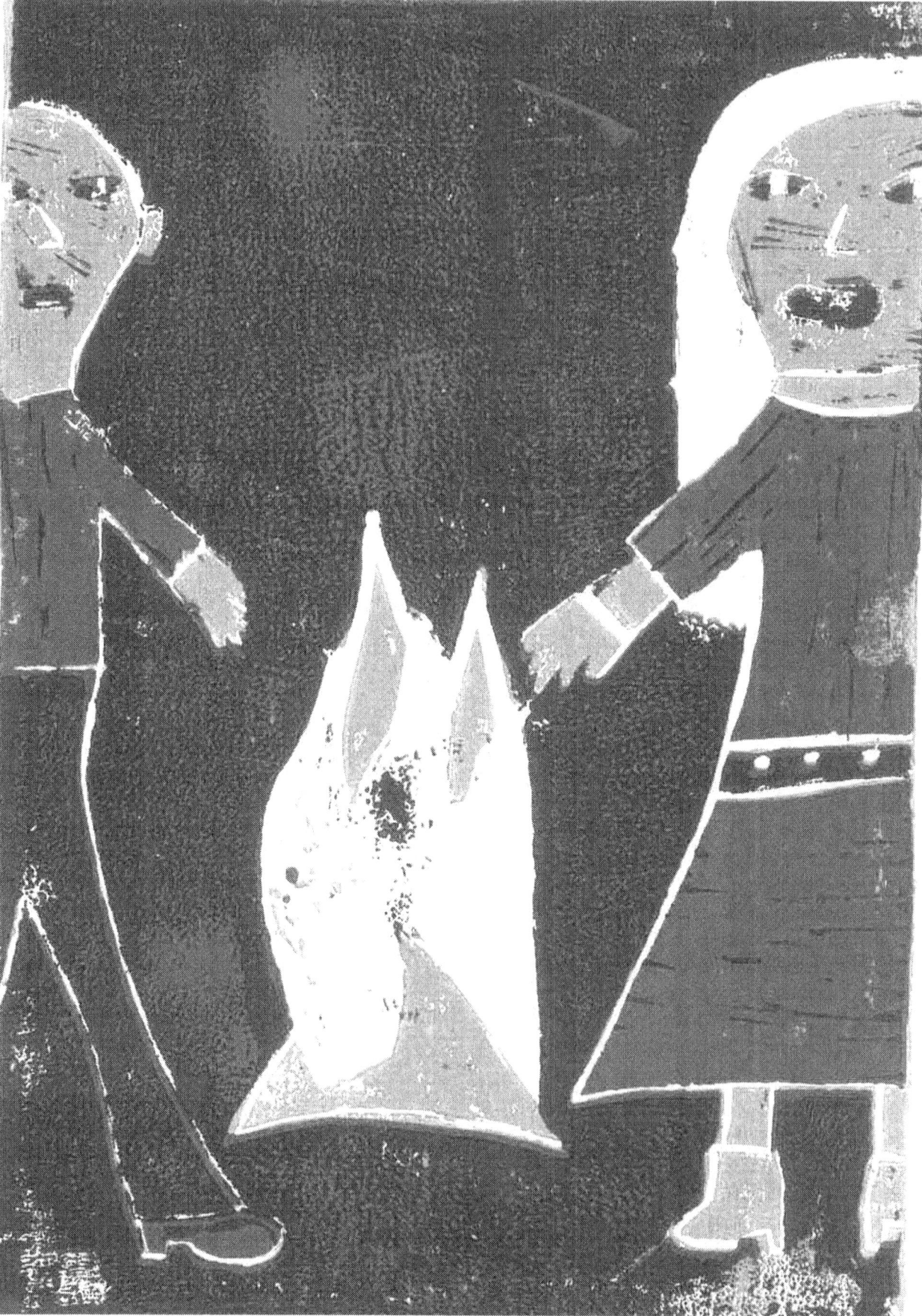

Alles fing am Donnerstag an.? Denn Julia wollte mit Susanne in die Disco gehen.? Als Susanne Julia eine SMS geschickt hatte, ist Julia gleich runter zu ihren Eltern gerannt und hat gefragt, ob sie mit in die Disco darf. Die Eltern waren erst skeptisch und warnten sie „Nehmt keine Drogen!" Sie belehrten die beiden und dann sagten sie irgendwann mal ja. Die Eltern sagten: „Kommt aber nicht so spät nach Hause." Julia und Susanne sagten gleichzeitig: „Spätestens um 24⁰⁰ Uhr sind wir wieder zu Hause" und dann gingen sie los. Als sie ankamen und erst mal was zu trinken bestellten, tranken sie es und tanzten weiter. Auf einmal beschwerten sie sich, weil ihnen so schlecht war. Und dann gingen sie auf Toilette und brachen erst mal aus was sie getrunken hatten. Dann gingen sie wieder raus und haben wieder was bestellt. Und dann war ihnen so komisch und sie

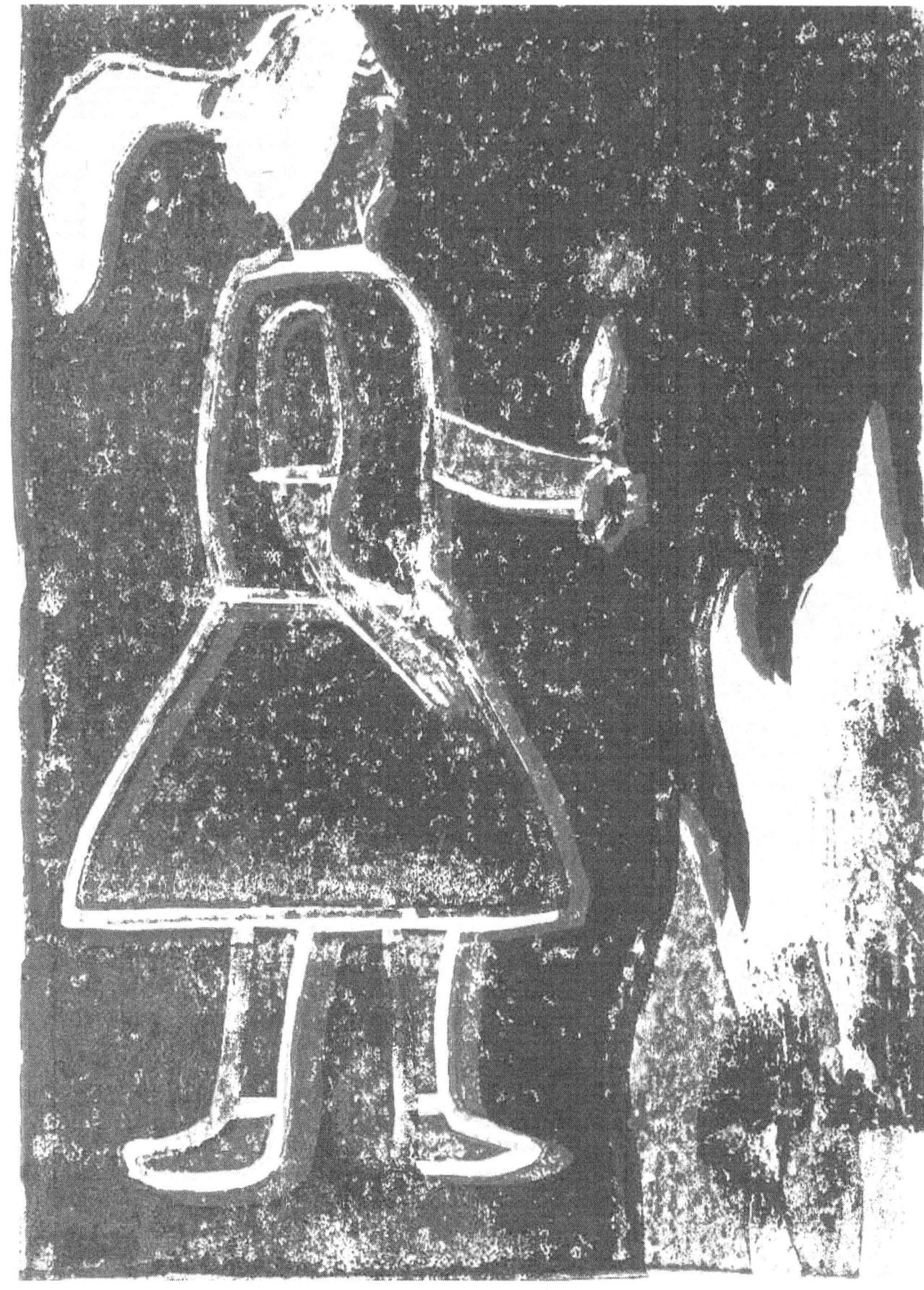

setzten sich hin und wurden ohnmächtig. Als sie dann nichts 24°° Uhr nach Hause kamen, machten sich die Eltern Sorgen. Und sie gingen dann nach einer halben Stunde zur Disco und fanden ihre Tochter und ihre Freundin. sie lagen auf dem Fußboden und bewegten sich nicht mehr. Da versuchte die Mutter ob sie die Kinder wieder wach bekam. Doch es war zu spät.

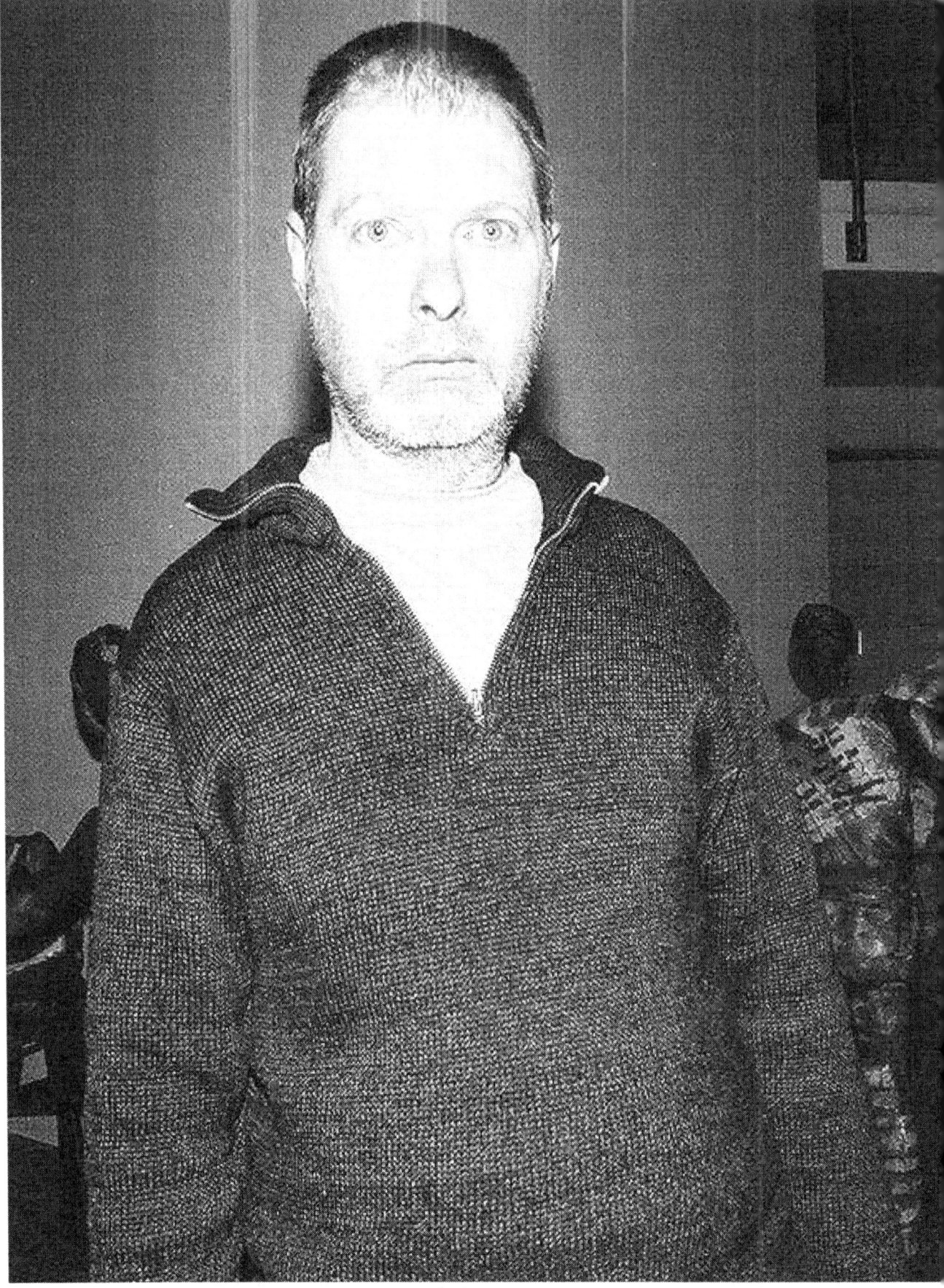

vita Hans Molzberger

- geb. 1953 | autodidakt
- 1982 werkstatt im Wendland
- ab 1985 plastisches arbeiten
- seit 1989 anerkennung als freischaffender künstler
- seit 1991 mitglied im BBK
- 1993 übersiedlung in die Altmark, Sachsen-Anhalt, einrichtung von werkstatt und atelier bis 1996

Molzberger hat keinerlei kunstschule, keinen meister oder sonstigen kunstnahen lehrer besucht - er ist ausgesprochener autodidakt. auch kann von keiner langen schaffensperiode gesprochen werden; er arbeitet erst seit gut 10 jahren plastisch und trat erstmals 1991 mit einer ausstellung in die öffentlichkeit. sein leben zuvor war fern jeglicher künstlerischer, kreativer tätigkeit. so könnte man sich auf die betrachtung des letzten jahrzehnt beschränken, wären da nicht einige wichtige aspekte, die wohl einfluss auf die themen seiner späteren , gestalterischen arbeiten zu haben scheinen. Molzbergers großvater, vater und weitere familienmitglieder arbeiteten in der gegend um Höhr-Grenzhausen, dem "kannenbäckerland" (wo er auch geboren wurde) in größeren betrieben und/oder eigenen, kleinen manufakturen, zumeist mit ton, aber auch zinn. die naheliegende vermutung, daher rühre seine hinwendung zum plastischen gestalten, geht fehl.
fast lückenlos umstellt mit keramischen produkten und ihren verarbeitern fühlte sich Molzberger eingeengt, ja davon abgestoßen; als abwehrreaktion verließ er die gegend und enthielt sich in auflehnung gegen sein bisheriges umfeld jeder berührung mit plastischen massen und gestalterischer tätigkeit. er trieb sich eine weile mit unterschiedlichen beschäftigungen im lande umher. eine häufung äußerst kritischer konfliktsituationen führte zu einer ernsten persönlichen krise. ein aufbegehren gegen diese als erdrückend empfundene lage brachte molzberger zu einer revision des eigenen standortes - nicht zuletzt unterstützt durch den beginn einer neuen partnerschaft mit stark symbiotischen zügen. diese zäsur mündete in einem neuen, positiven lebensentwurf, zu dem als wesentliches moment molzberger's aufgeschlossenheit für menschliche und soziale konflikte zählt.

Prof. Wolfgang Kimm

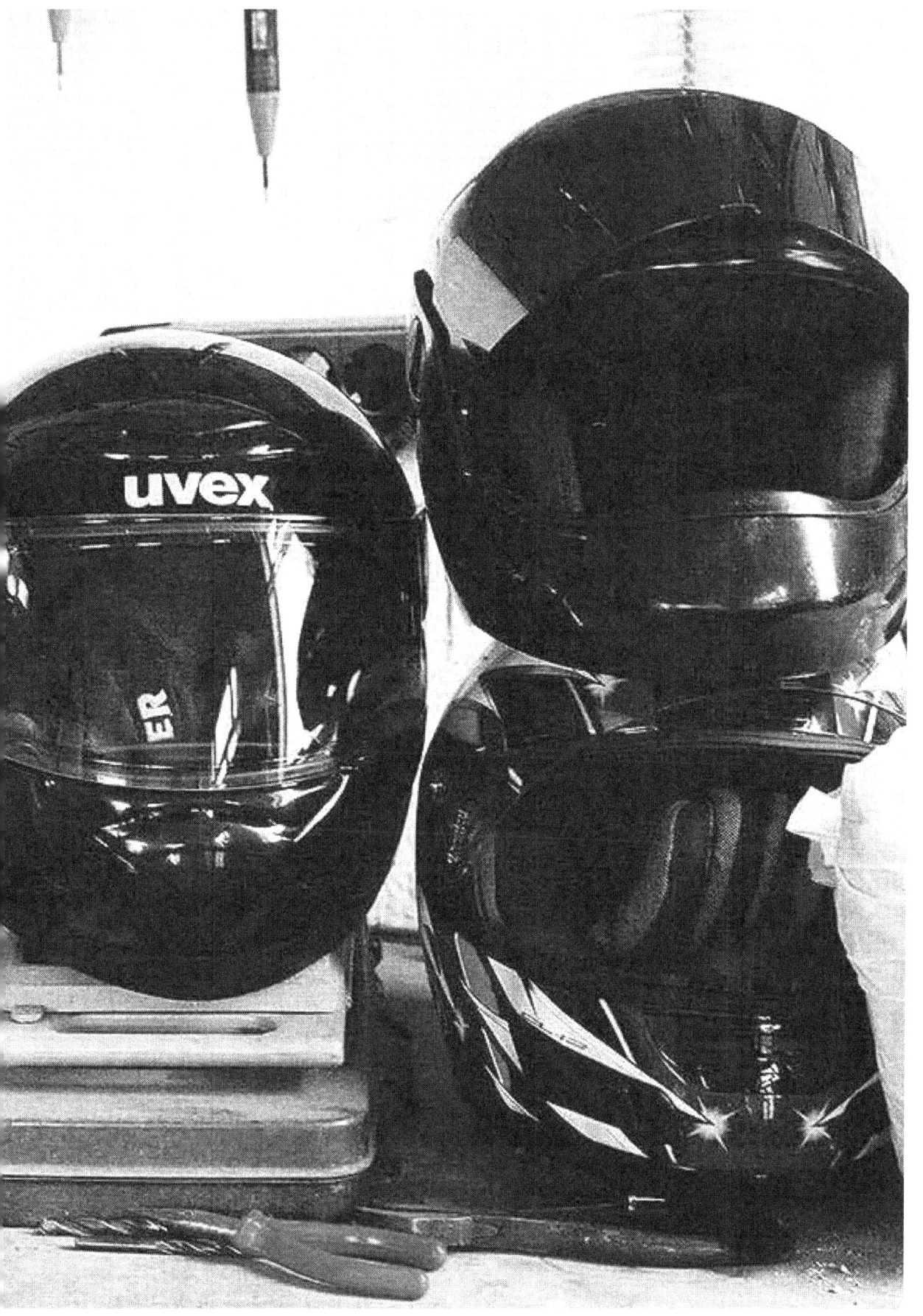

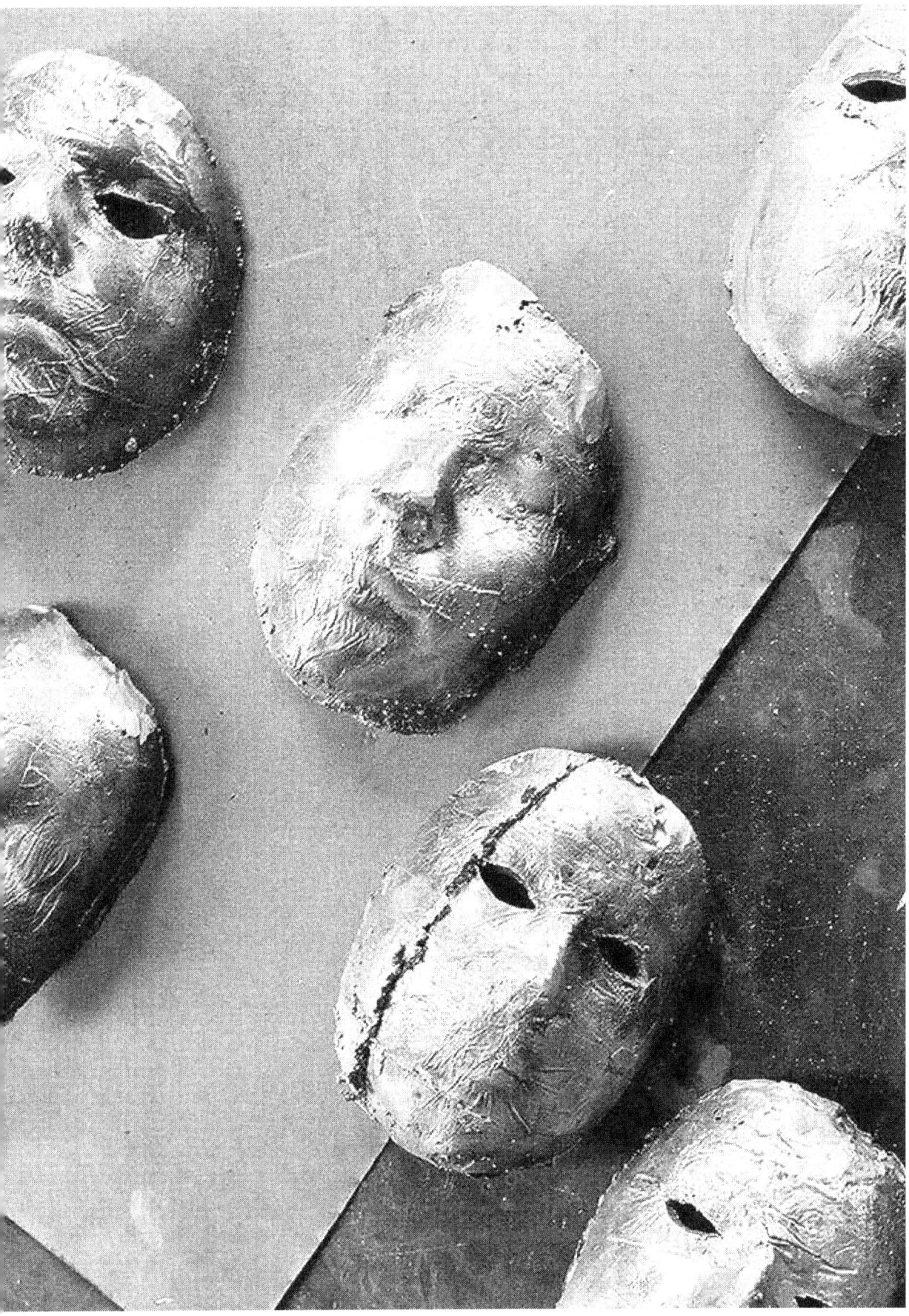

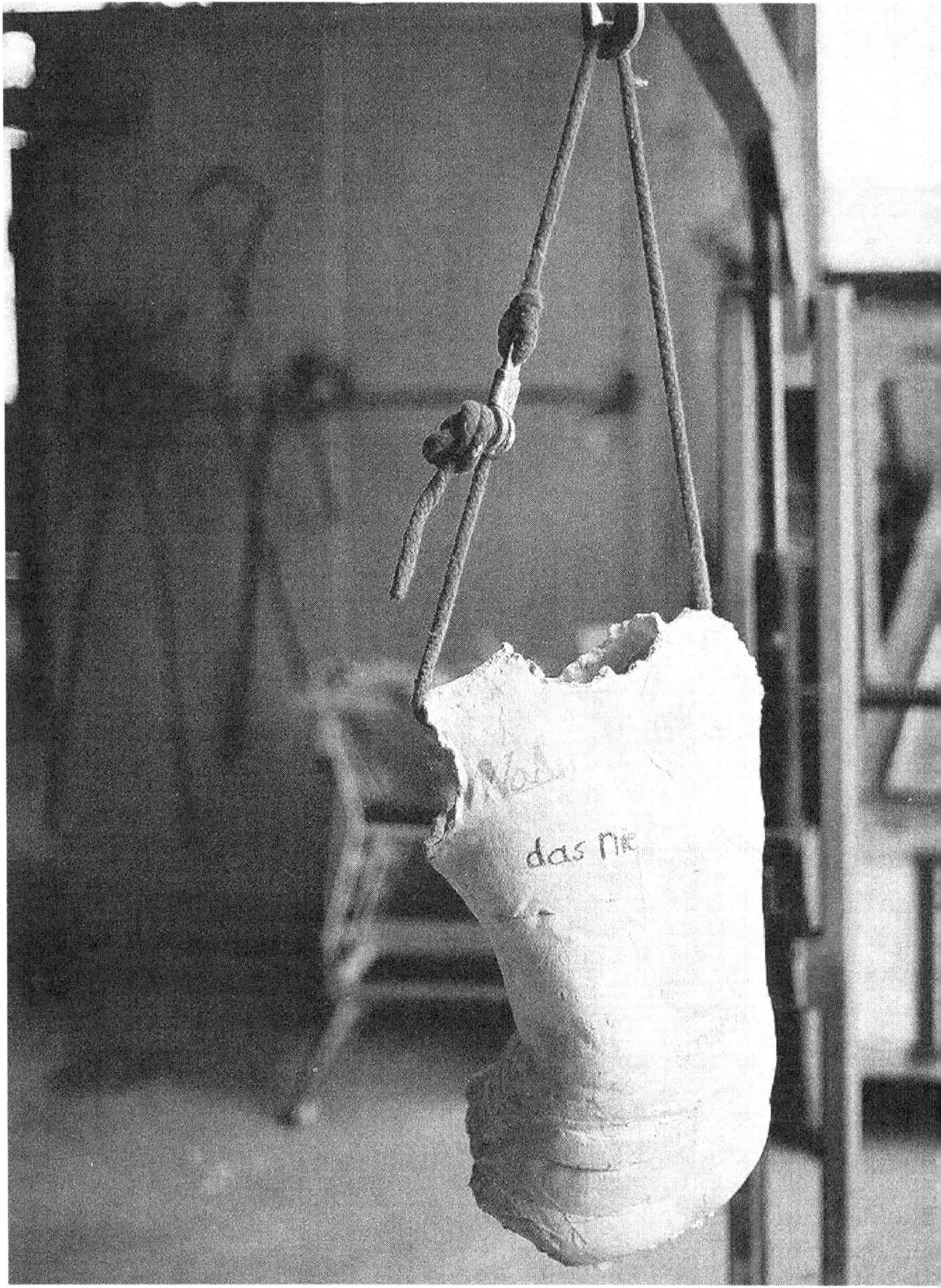

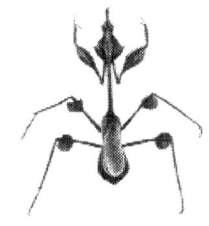

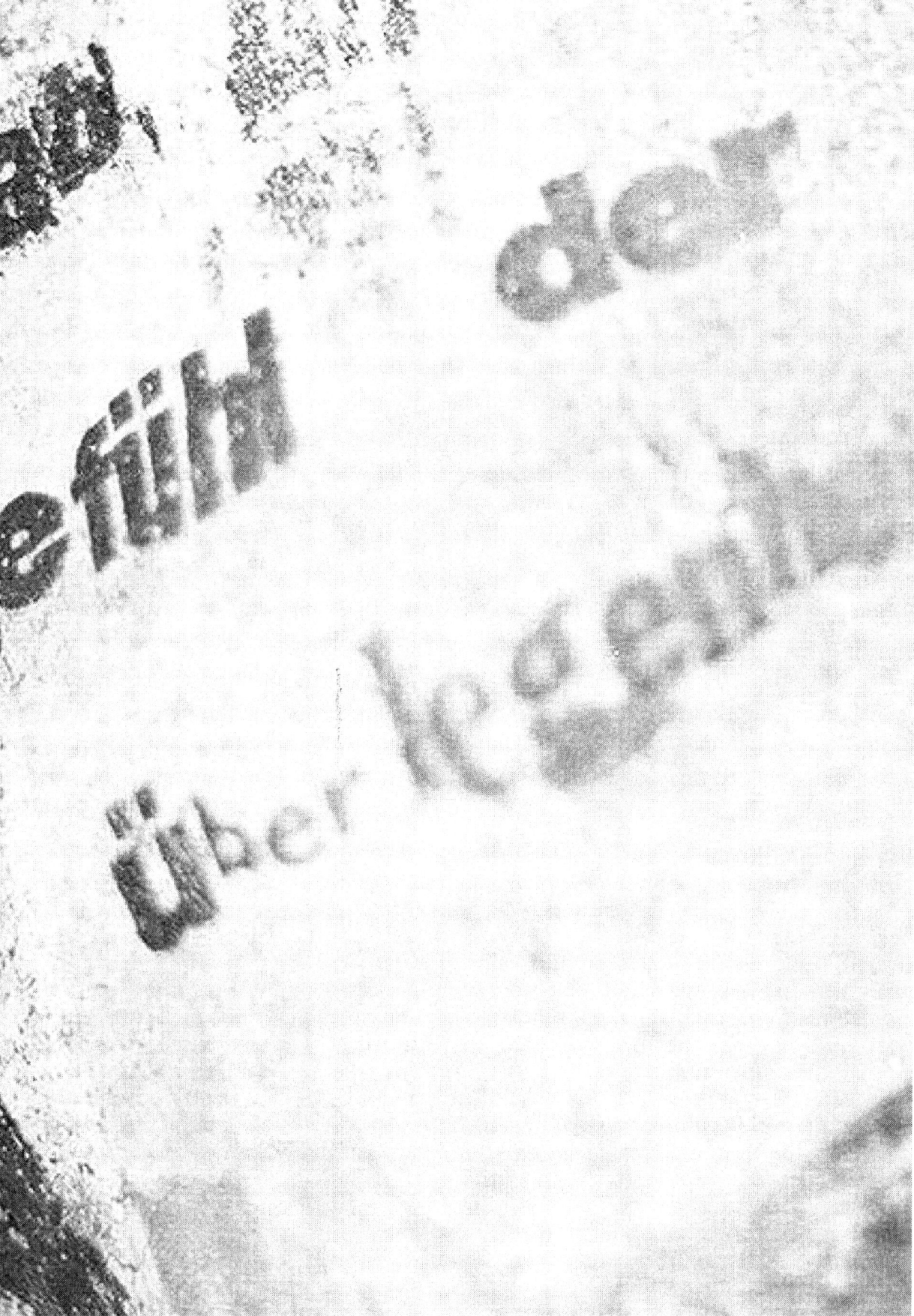

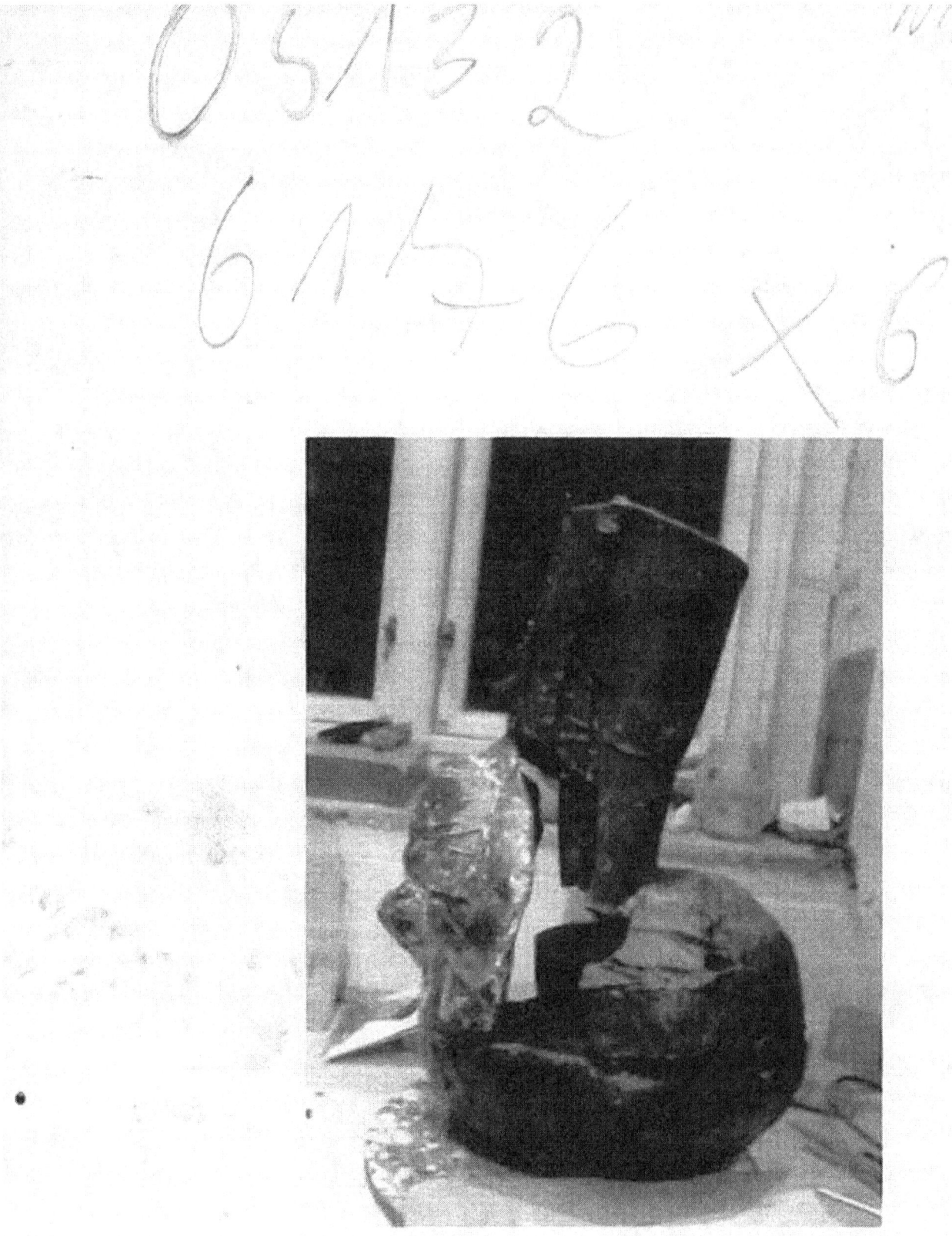

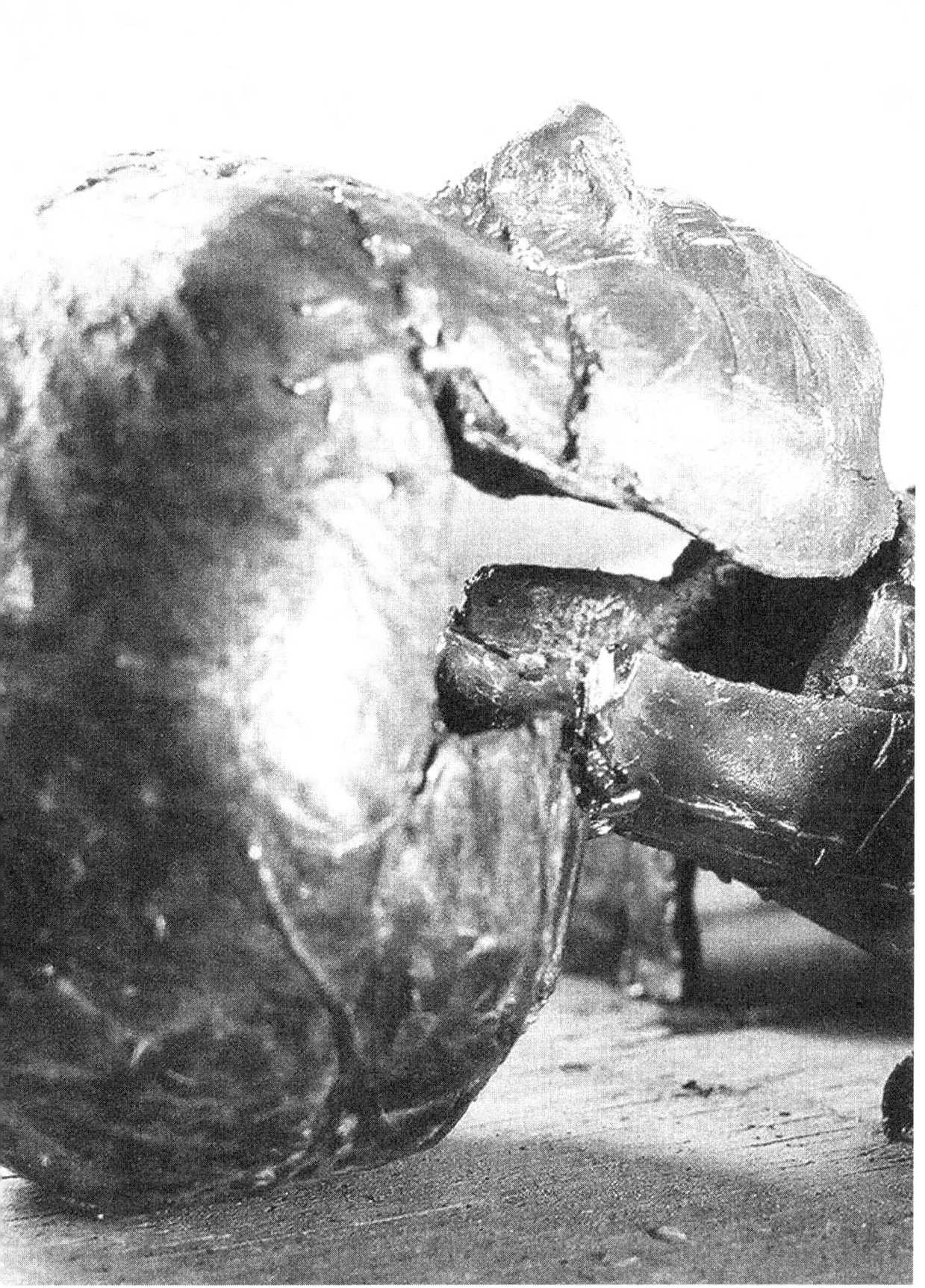

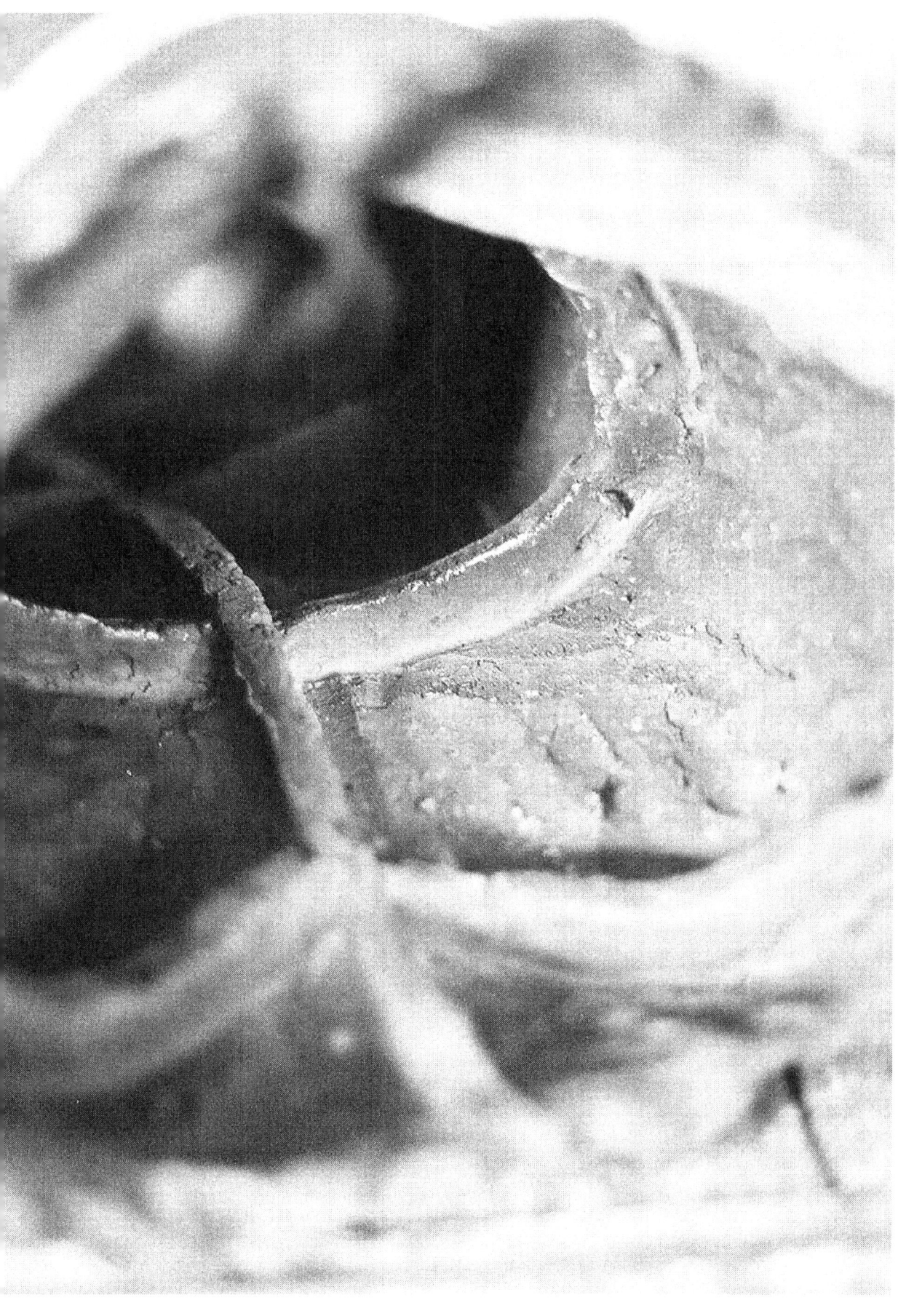

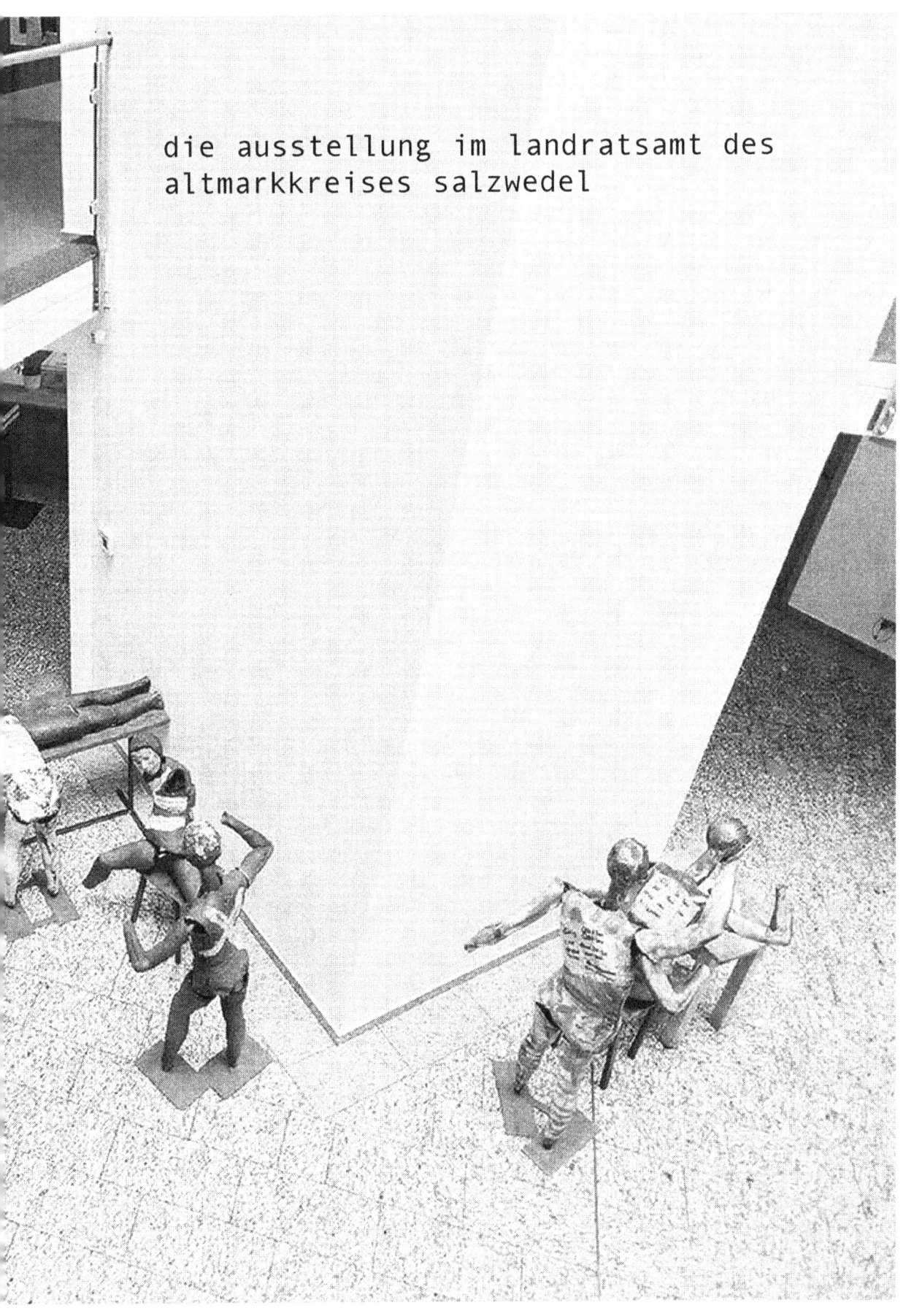

die ausstellung im landratsamt des altmarkkreises salzwedel

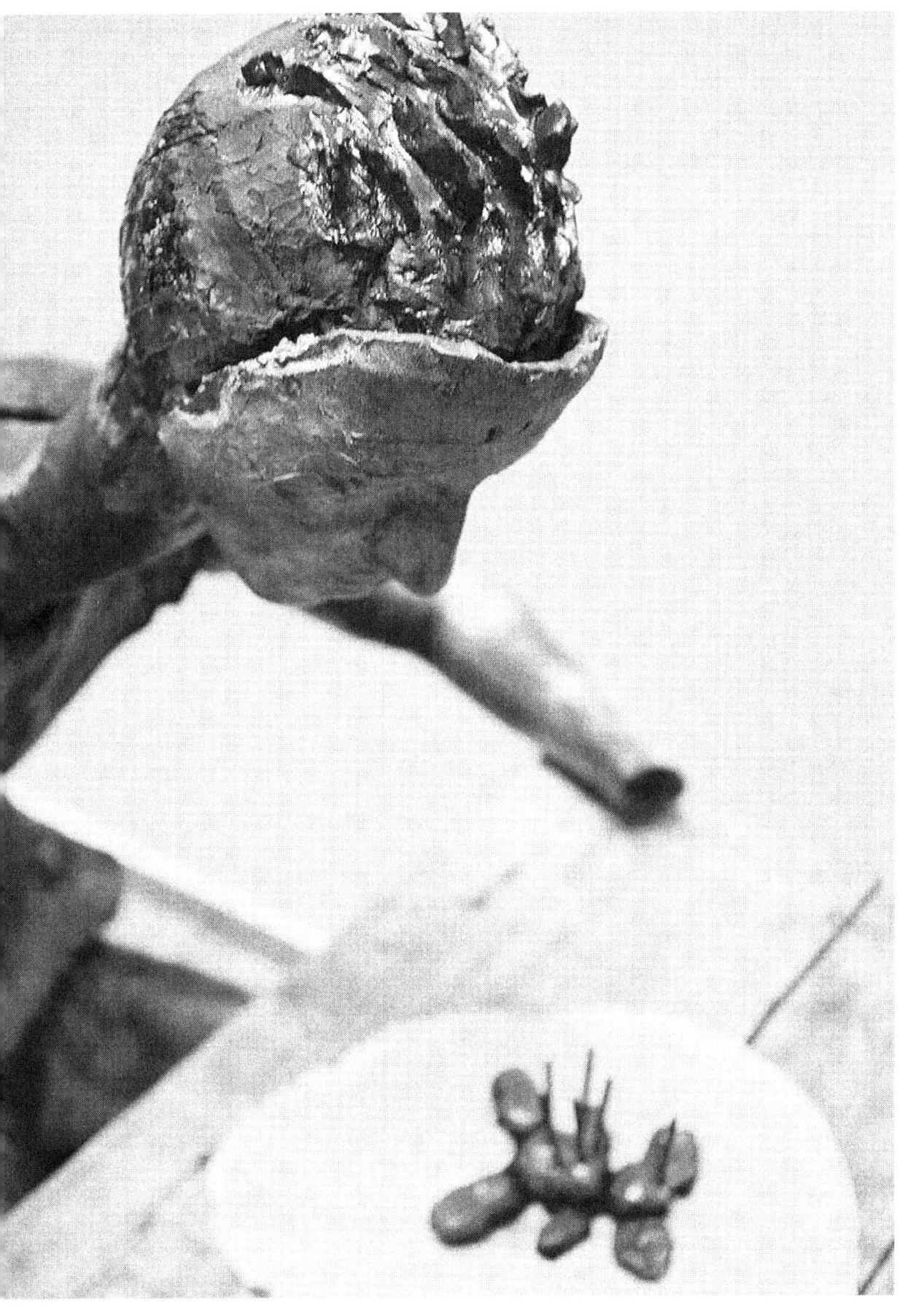

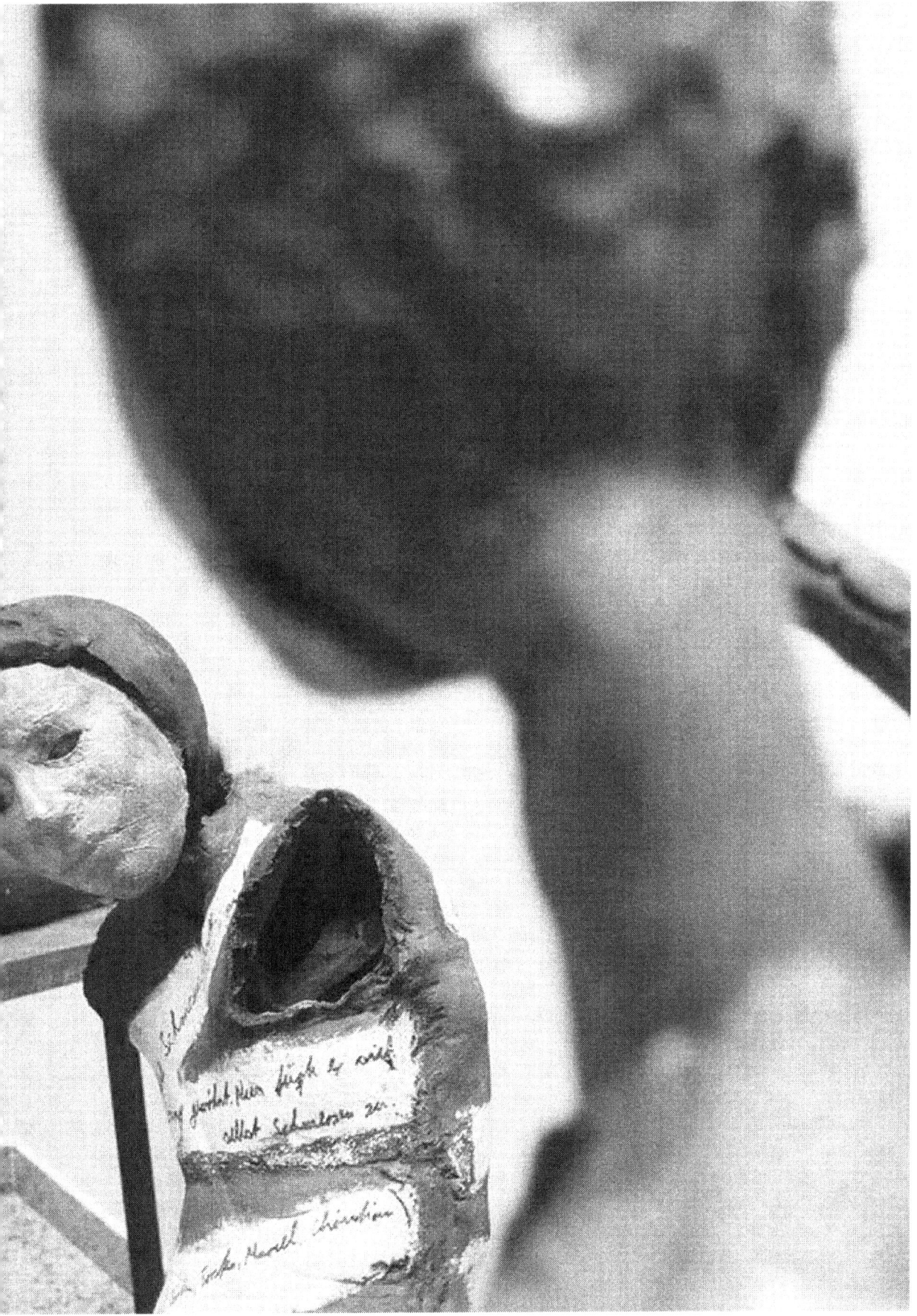

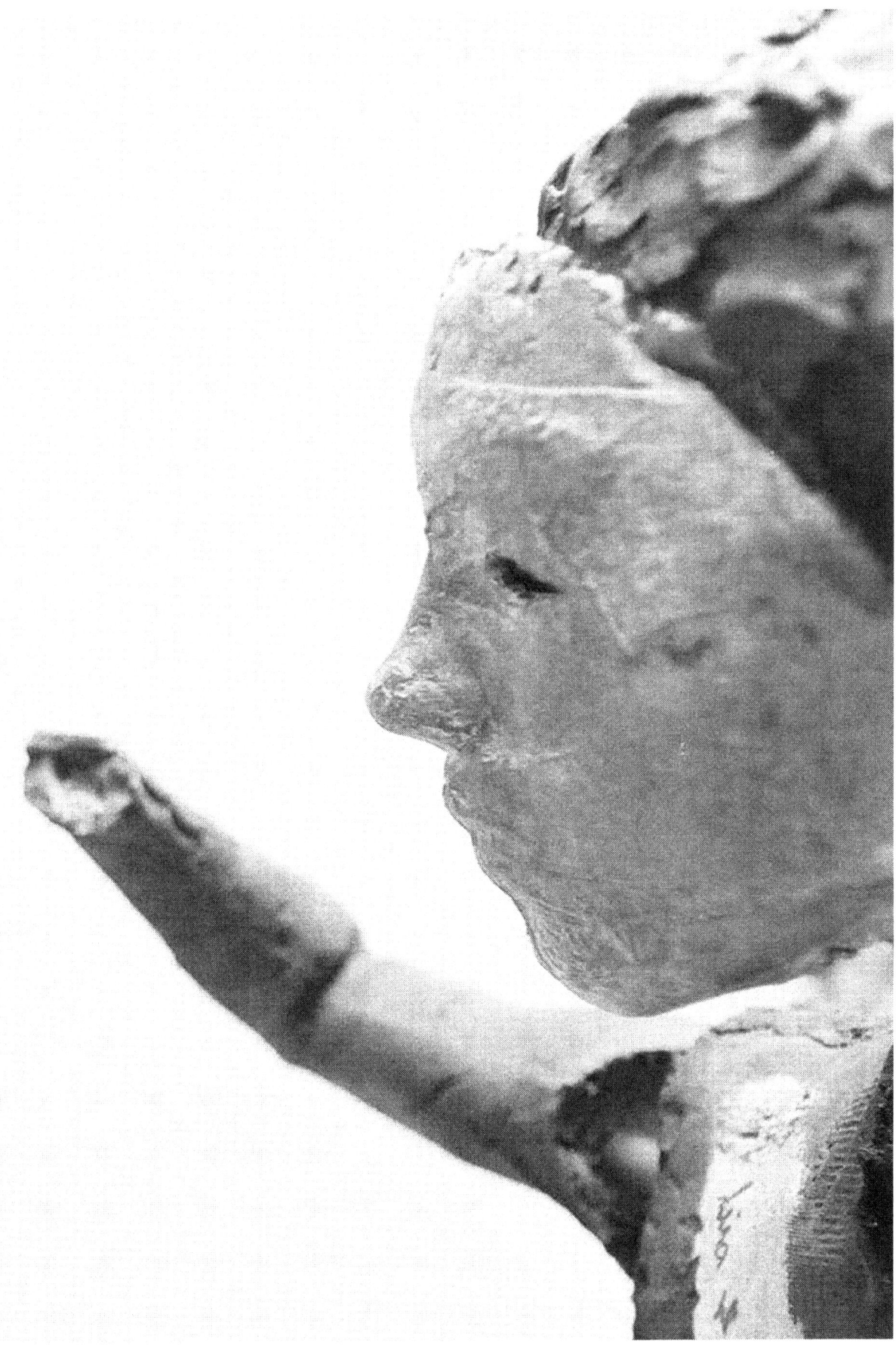

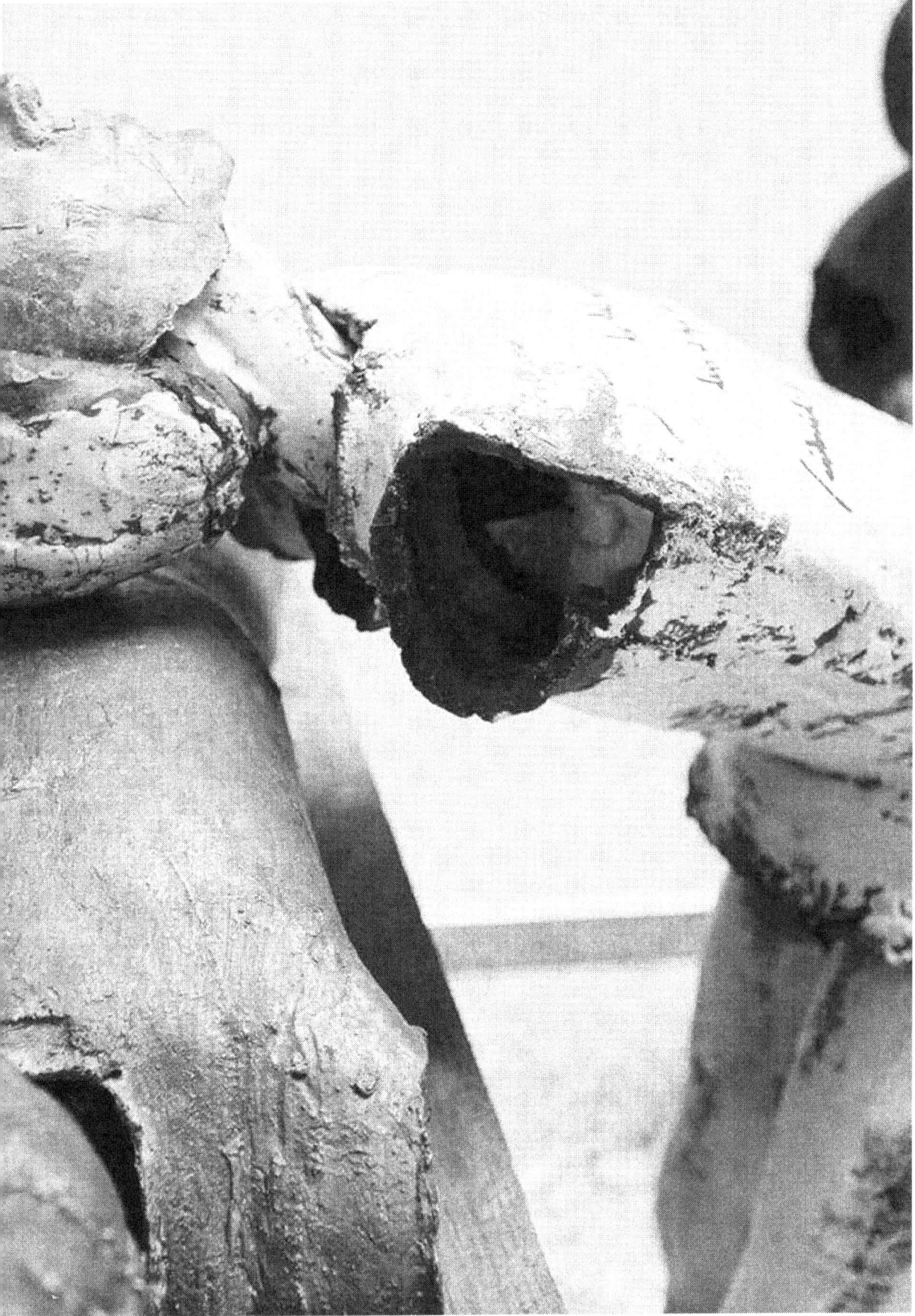

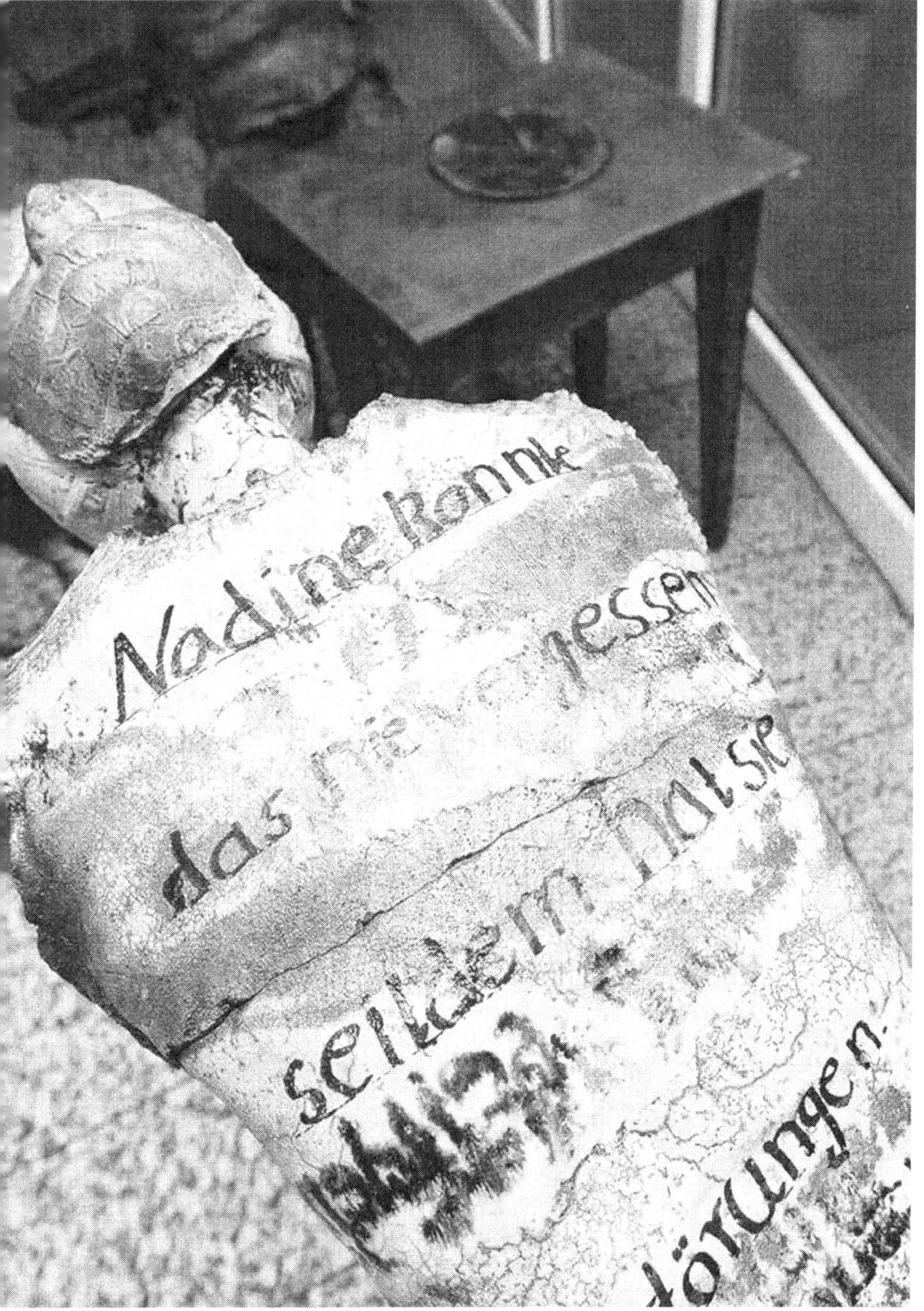

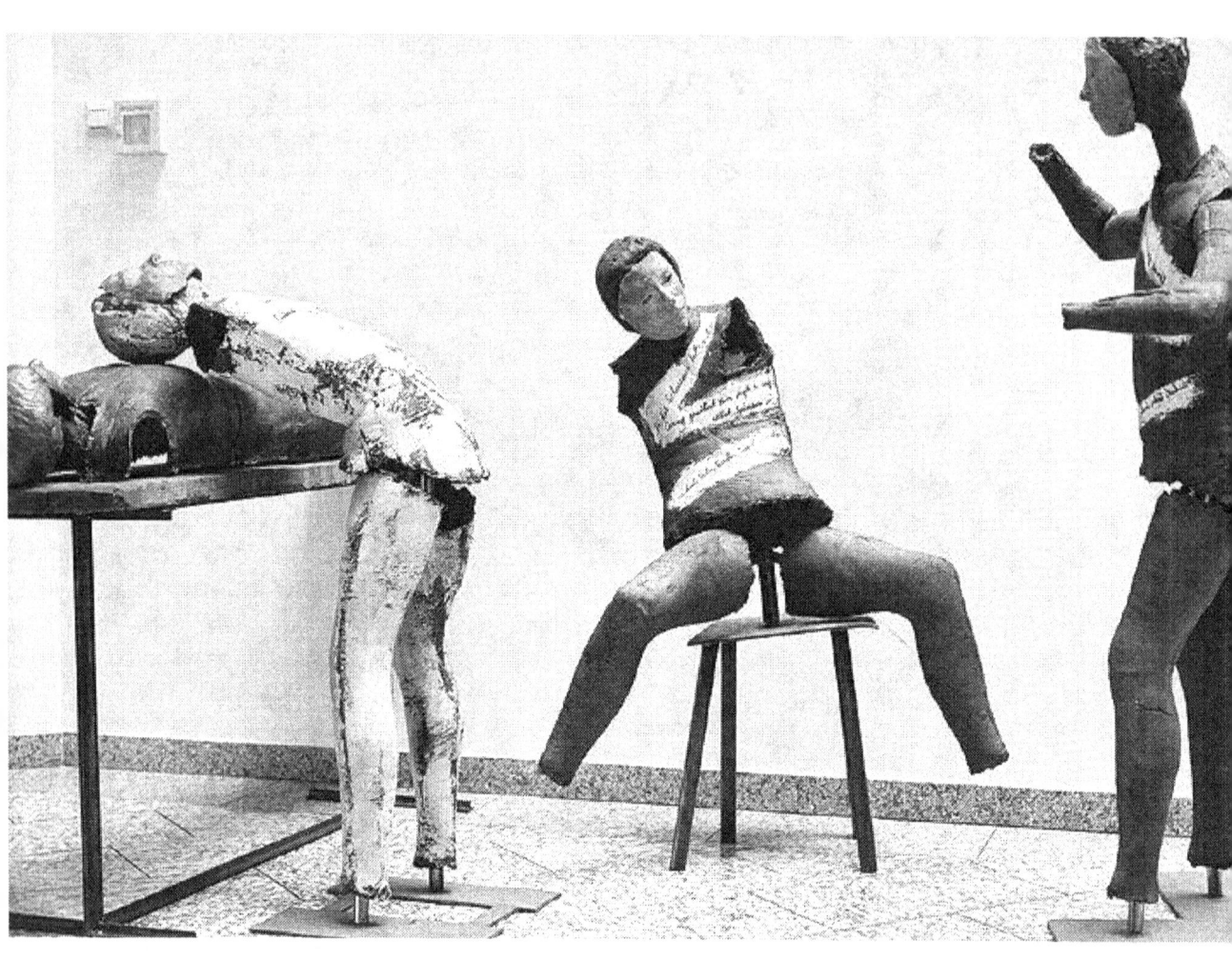

www.hans-molzberger.de

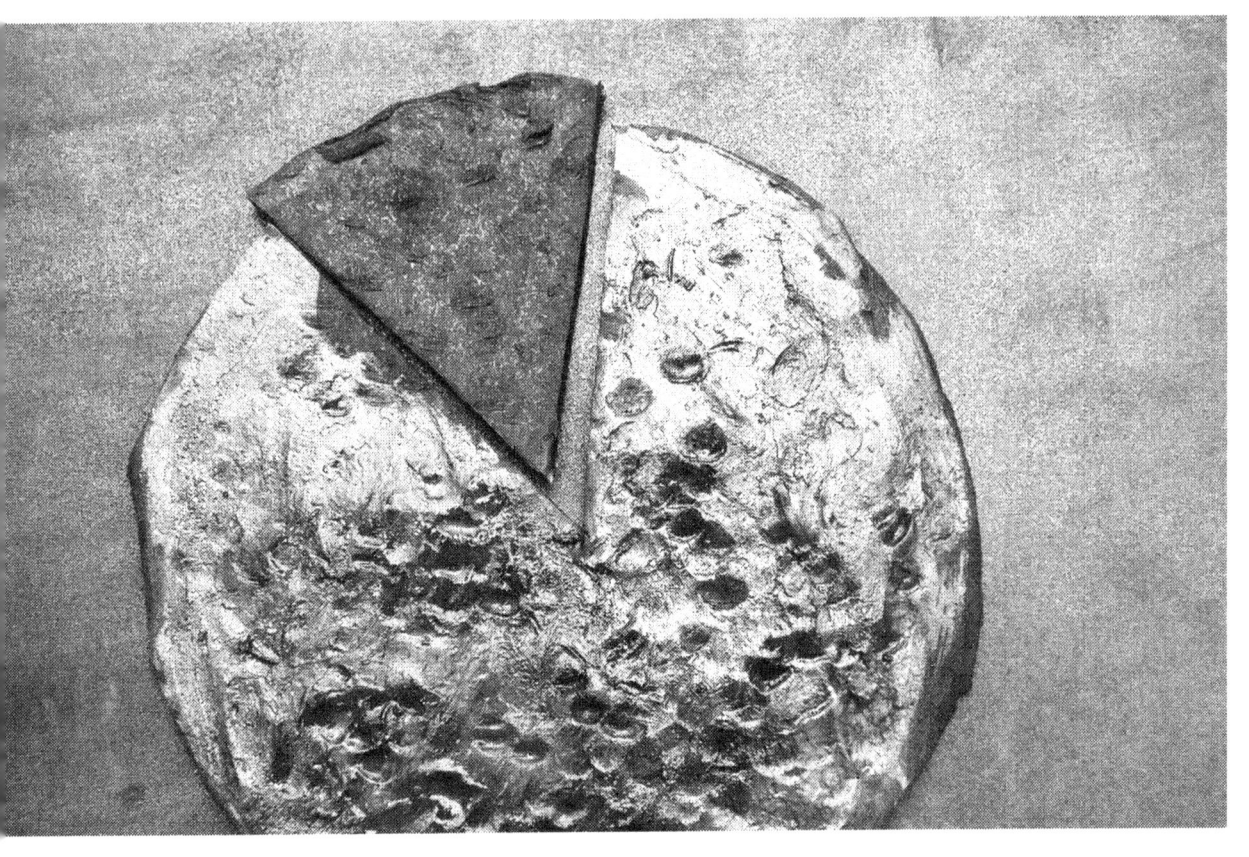

www.ingramcontent.com/pod-product-compliance
Lightning Source LLC
Chambersburg PA
CBHW082356220526
45470CB00008B/2762

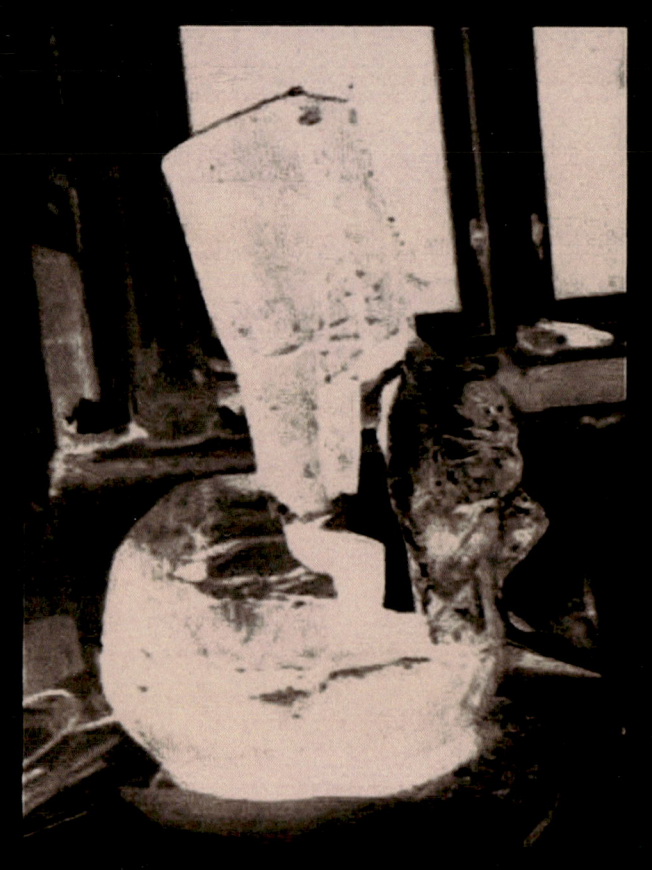

isbn-nr. 3-8311-4371-4

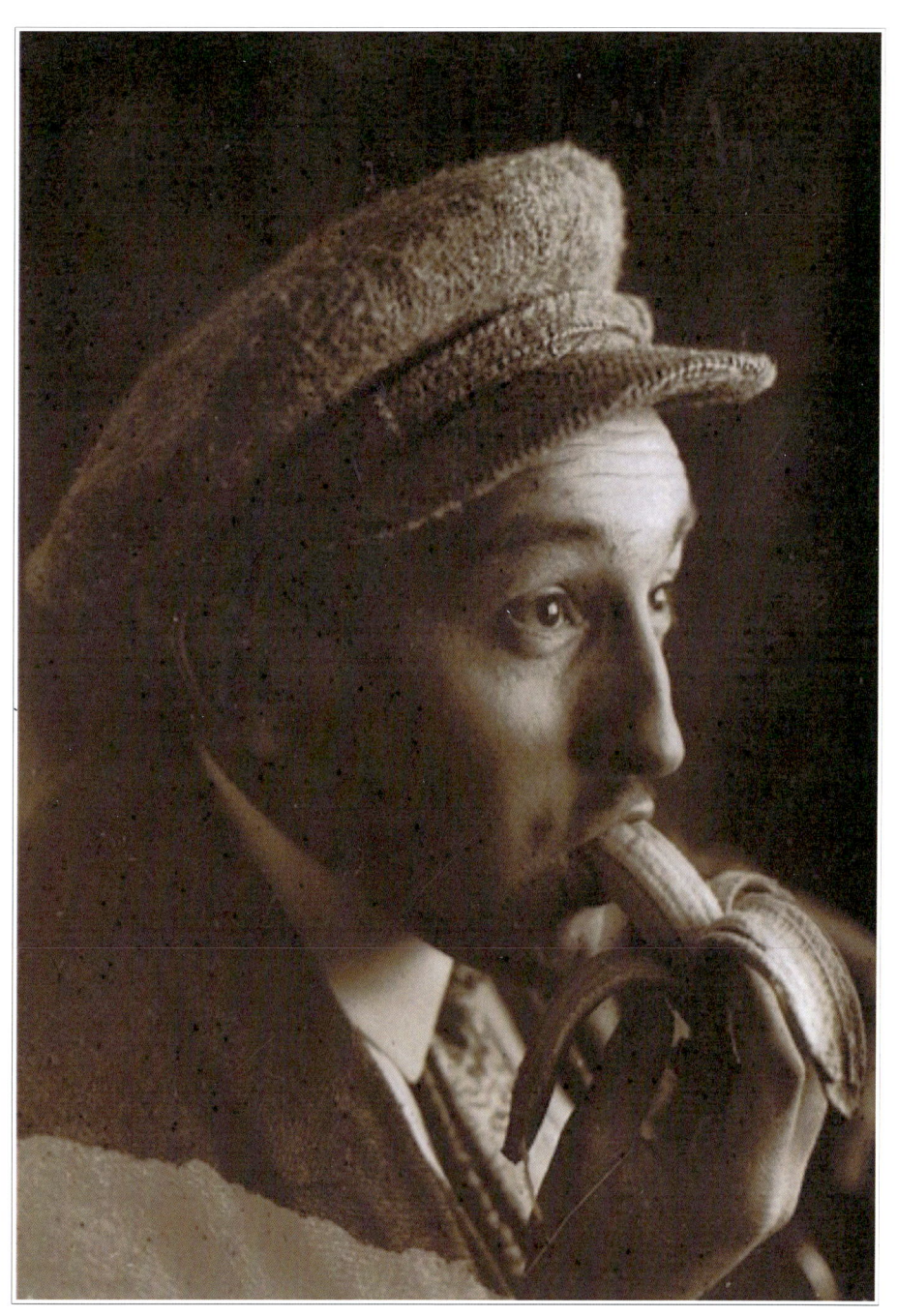

Georges Détrey Photographe

Vol. 1